知的生きかた文庫

1分間でわかる「菜根譚」

渡辺精一

三笠書房

はじめに——自分と対話する、明日へのヒント

物質的には豊かなのに、なぜか私たちの心はトゲトゲしい。

価値観が多様化し、かなり自由であるはずなのに、私たちの心は、どこに安住すればいいのか、見失っているかのようでもある。

家業を絶対に継がなくてはならぬというような圧力は、昔に比べれば、ずいぶん弱まっているだろう。

でも、自分は一体何をして生きてゆけばいいのだろう——そう考えると、急に不安になる。家業を継ぐことが義務づけられていたら、かえって楽かもしれないという気もする。

さらに、多様化してしまった価値観のもとでは、何に反発すればいいのかも、見えにくくなっている。

自分の外側に物指がないとしたら、自己の内側に何かしっかりとした基準を持ちたい。しかし、そこでもまた価値観の多様化によって、「これだけを信じていれば大丈

夫」という標準なり、規範なりを定めにくい状況である。

となると、結局、自分の信ずるものを、まじめに、ひたむきに、誠意を持って生きて行く以外になさそうだ。

そんなとき、私たちは、歴史上の人物の生きかたや古典の書物に触れることで、自分の位置（座標）を確認し、明日へのヒントを得ることができる。

『菜根譚』は、中国でよりも、日本で広く歓迎された書物である。親しみやすい内容で、功成り名遂げた大臣の回想録のような、自己の肯定と自慢に流れるような嫌味がない。

著者の洪自誠は、明の万歴年間（一五七三―一六二〇）ごろの人という以外、事績もはっきりしない人である。

儒教・道教・仏教に通じた知識人であることは、内容を見ればすぐわかるが、教訓的な押しつけがましさは、不思議と希薄である。だから、読みながら、「なるほど」とか、「そうかなあ。それほど強く言うべきことでは……」のように、読む者が、自然に対話できるような感じがある。

そして、何より、読みこめば読みこむほど、考えれば考えるほど、手応えをかえしてくれる。卑近な喩え（たとえ）のようでいて、意味は深い。

穏やかに呼吸をしながら、静かに思索するには、もってこいの内容であると思う。

この本では、『菜根譚』から重要な言葉を選び、できるだけわかりやすく読者に提供することを心がけた。訳文も可能なかぎり、わかりやすくしたつもりである。訳文のあとに、ノートと言うか、エッセイと呼ぶか、私が『菜根譚』を読みながら感じたことがらを記した。「解説」というほど堅苦しいものではない。

基本的に文政五年（一八二二）刊本に依拠（いきょ）して作成した読み下し文は巻末にまとめ、訳文と番号で対照させてある。

『菜根譚』の言葉に心が和らぎ、あるいは勇気づけられ、千年の知己にめぐり合えたような印象を持たれる読者も多くおられるはずである。

渡辺精一識す

◎もくじ

第二章 心の持ちかたで毎日が楽になる！

第三章 人とのかかわりかたで世渡りはうまくいく！

第四章 自分を知れば元気が出る！

第五章 日々の過ごしかたであなたの「世界」が変わる！

編集協力・岩下賢作／本文イラスト・小宮山美光

第一章
ものの見かた、考えかたで人生は変わる！

1 人間はカタツムリの角の上で争っているようなもの

▼火打ち石が発した光のように一瞬でしかない人の生命。どちらが長生きかなどと争ってもしかたない。カタツムリの角の上の国のように小さい世界で、どっちが上だの下だのと論じても意味はない。

「カタツムリの角の上の国」とは、『荘子』則陽篇に見える比喩。カタツムリの角の

片方に触氏(しょくし)の国があり、もう片方の角の上にある蛮氏(ばんし)と争ったという。

無限の宇宙から見れば、人間の世界など、カタツムリの角の上の国家より小さいかもしれないのに……ということである。

でも、菜根譚は、白楽天の「酒(さけ)に対(たい)す」という詩を意識しているようだ。

蝸牛(かぎゅう)の角上(かくじょう)に何事(なにごと)をか争(あらそ)う
石火(せっか)の光中(こうちゅう)に此(こ)の身(み)を寄(よ)す
富(とみ)に随(したが)い貧(ひん)に随(したが)い且(しばら)く歓楽(かんらく)せん
口(くち)を開(ひら)きて笑(わら)わざるは是(こ)れ痴人(ちじん)

極めて小さい人間世界で争ってどうする。人生なんて一瞬の花火みたいなものじゃないか。金持ちでもいい、貧乏人でもいい。しばらく楽しもう。酒を飲み、大きく口を開いて笑わぬなんて、バカ者だぞ。

菜根譚は別にここで酒を飲めと読者に勧めているわけではないが、私たちは、小さな世界の中に生きているにすぎないのに、欲望に振りまわされがちである。

金持ちであれば偉くて、貧乏だと価値が劣るかのような演出をするマスコミにも責任の一端はありそうだが、つまりそれだけ、人間の心に自由さ、おおらかさがなくなっているのだろう。

貧しいところから豊かになっていくのは上昇と思いやすい。豊かなところから貧しくなると下降と置き換えやすいが、それはその人が身にまとっていたもの（金）が変わるだけで、中身の人間の質とは別であるはずなのに、得意と失意に分類されてしまう。

みんながツギのあたったズボンや穴のあいたセーターで遊びまわっていた幼少期が、今、とてもなつかしい。

2　「負けない」という生きかた

▼処世術としては、功名をあげることは絶対条件ではない。むしろ間違いを起こさずに生きることこそが、功名と言える。

誰でも自分の才能なり、能力なり、あるいは成しとげた仕事を高く評価されれば、うれしい。

それが世界的に評価されたら、喜びもまたひとしおで、気分も充実し、幸せに感じるだろう。

だが、菜根譚が言うように、そんな功名ばかりを追い求める人生には、虚しさがつきまとう。

仮に成しとげたところで、一発屋に終わったのではしかたないし、成しとげられなかったら、一体何の人生だったのか。

一方、間違いをしないで生きていけ、それが功名だ、と言われても、事なかれ主義の慎重居士に終わるのではないか、と疑問も生じよう。

が、これは、消極的に縮こまって生きることを勧めているのではない。

『徒然草』第百十段を思い出してみよう。双六（今日のスゴロクとは違うゲーム）の名人と評判の男が、「勝とうと思ってゲームをしてはならない。負けないように心がけてすることだ。どの手が一番早く負けそうかを考え、極力遅く負けそうな手を打つのだ」

と語っている。

菜根譚もそれと同じ。消極的なのではなくて、ミスのなさの積極的役割を言っている。

功名を欲すると、ゲームで勝とうと思った場合と同様、そこにばかり気がいってしまい、基本を忘れ、あせりも出る。

人生の充実とは何か。功名を立てることそのものにあるのではない。

『唐詩選』巻頭第一、唐建国期の名臣、魏徴の「述懐」の詩の一節に言う。

人生、意気に感ず
功名、また誰か論ぜん
と。功名は、人生の最終目的ではない。
きちんと自分を守り、ひたむきに生きた証として柔らかく与えられるものだ。

3 まじめすぎてはいけない

▼考え悩み懸命につとめることは、美徳には違いないが、自分を苦しめすぎてしまっては、個性を生かせないばかりか、喜びも見いだせなくなってしまう。

何事も「過ぎたるは及ばざるがごとし」で、いくら効く薬でも、用量の何倍も服用したら危険である。

でも、目の前にある課題について、熟慮をかさねているときなどは、どうか。

どこまで考えれば解決するとか、どこまで努力を傾注すればよいかについて、薬の用量のように、数字が決まっているわけではない。

もし、「○○時間やってみてダメなら、それはダメである」と決まっていたら、誰も悩まないだろうし、話は楽である。

でも、そうした「限度」がわからないから、まじめな人ほど考えすぎ、仕事をしすぎてしまう。

ある程度の負荷をみずからに与えることは、スポーツの場合を見れば、明らかにその人を鍛える。

しかし、限度を超えた負荷をかけては、故障を起こしたり、病気になってしまったり、その結果、「組織」に迷惑をかけ、結局、課題は解決されないままというのがオチだ。

あえて分けてしまえば、解決の方向に考えをかさねるのが熟慮・熟考で、考えても解決しないことを考えつづける思考の迷路が「悩み」。

自分が迷路に踏みこんでいることに気づけば、いいのだろう。

まじめな人は、「まじめにやっている自分」に、自身の充実を見る傾向にあるから、つい限度を踏みこえがちになる。

菜根譚は「ルーズに生きよ」と言っているわけではない。充実感のすぐ隣にある危険を自分で測定できる冷静さが必要だと警告しているのである。

夢中になって「充実」しているときほど、「これでいいのか？」とは、考えにくいものであるから。

4　老いたら未来を見つめる

▼勢いがなくなり行きづまったら、初心にかえり、自分の原点を見つめなおすがいい。功成り、名遂げた人こそ、自分の終末を考える必要がある。

「初心を忘れるな」とか「初心にかえれ」とか、よく言われる言葉だが、菜根譚はもう少し深い問題を提起している。

まだ実績のない若者は、ついつい「成功した自分」を夢想し、そこに向かって自分を駆りたてていく。

でも、人生、すんなりと成功できるわけではなく、競争が起きたり、壁にぶち当たったり、「こんなはずではなかった」という場面に出くわす。

そんなとき、未来の成功を夢想するだけでは、乗りきることはできない。自分の過去を振りかえり、なぜ自分がこの道に進んできたのかを確認する。

その確認によって、「自分はあせっていたな」とか「少し違った方向に来たようだ」といったことがわかる。そして、また新たな気持ちで明日に向かう。

一方、老人はどうだろう。功成り、名遂げ、若者に比べたら、大小の差こそあれ、ゆるぎない実績を有している。

が、そのために、かえって過去の栄光にすがるばかりで、日々の努力を忘れ、晩節をけがすことがある。

老人こそ、過去にすがって生きるのではなく、未来を——若者に比べれば、その時間は短いかもしれないが——見つめて生きるべきだ。菜根譚は、そう言っているのだ。

『老子』第九章に、

「功遂げ、身退くは、天の道なり」

という言葉がある。

老子も菜根譚と同じように、いつまでも過去の栄光を振りまわすな、実績を売りものにするなと言っているのである。

未来への夢想は実体ではない。それを起点とすることはできない。過去の栄光は実績である。でも、それは過去に置いてきたものと考えよう。老人も未来に向かって生まれ変わろうと提案しているわけだ。

5　勝てるのは、負けてくれる人のいるおかげ

▼低い地位に安住できたときに、高い地位に登ることの危険がわかる。暗い所に落ちついてみると、明るい場所が目立ちすぎることに気づく。

菜根譚は別に、上昇志向を持つことを否定するわけではない。言いかたを換えれば、

ちょっと視点を変えてみると、わかることが多いことを指摘している。

売れないうちは、あるいは出世できないうちは、誰かが売れているというだけで、うらやましい。あのようになりたいものだとあこがれる。人によっては、売れている人の足を引っぱってまで、売れたがる手合いも、いないではない。

ところが、売れてみると、そうなる前の予想とは大違いである場合が多い。次々に仕事が舞いこむ。それはありがたいが、疲れる。睡眠時間がけずられる。プライベートな時間も減る。遊んでいられないどころか、息抜きさえできない。ファンと称するストーカーが出現したりすれば、非常なストレスである。

さらに、名前も顔も売れてしまったら、うかつな場所に出入りできない。以前には、あれほどあこがれ、欲していた立場とは、こういう実態なのか。昔にもどりたいと思っても、しばらくの間は不可能であろう。再び売れなくなる日まで。

『老子』第八章に、「上善は水のごとし」と言う。最上級の善とは、水のようなもの。誰とも争わず、人の嫌う低い所を目指して流れていくという、水の性質に喩えをとった警句である。

勝てるのは、負けてくれる人がいるおかげ。自分の主張が通るのは、譲ってくれる人がいるおかげである。

単なるあこがれで突っ走るのではなく、別の視点から、平等に物事を見わたしてみるとどうか、ということである。自分がどちらの立場であっても、分けへだてなく認識し合えることこそ、人生の極意かもしれない。

6 一歩さがってみる。意外な効用がある

▼人の心はクルクル変わり、人生行路は険(けわ)しい。前に進めなくなったら、一歩さがってみる方法がある。進める場合にも、三分を譲(ゆず)る心構えで行こう。

何だか行きづまってしまい、前進のしようがない膠着(こうちゃく)状態。どうすれば打開できる

か、わからない。

こういうときにも視点を変えてみる必要がある。

将棋なら、千日手にして指しなおせばいいかもしれないが、人生となると、そうもいかない。

でも、将棋で考えてみると、とりあえず直接関係のない駒を動かして、「相手に手を渡す」作戦がある。

近年、一手損角換り戦法も登場した。ただでさえ後手番なのに、わざわざ手損をするという戦法である。

人生の手詰まり状態といっても、人の心の変化は目まぐるしいから、じっとしていたら社会のムードが変わり、道が開けることもある。

待ち合わせた者同士が、互いを探してウロウロ動きまわるより、一方がジッと動かないでいたほうが早く会えることも多い。

一歩さがってみる。他者を先に行かせてみる。意外に有効な手段である。

『論語』に、「己立たんと欲して人を立て、己達せんと欲して人を達す」るのが仁者であると見える（雍也篇）。

何月何日までに、ある商品を一個でも多く売ったほうが勝ちだ――というような露骨な競争ならいざ知らず、技量の充実などには、時間と積みかさねが必要である。

誰かより一秒でも先に、とあせるのではなく、他人の充実をさまたげないように（お互い）気をつかっていくことこそ、調和のとれた前進につながる。

何かの避難のとき、いっせいに非常階段に殺到したら、詰まってしまい、かえって犠牲者が多く出る。整然と進むには、「お先にどうぞ」が大事。菜根譚は、こんな人生の呼吸を教えてくれている。

7 平凡でいい

▼事件や波乱がないのが一番幸福である。ひたすら心を使役（しえき）しなければならないことほどつらいものはない。

「平凡が一番だよ」とは、我々の日常生活の中で、しばしば耳にする言葉である。菜根譚も、もちろんそういう意味で言っている。もっとも、波乱の多い、起伏に富んだ人生を否定しようとしているわけではない。

でも、理想的に「起伏に富んでいる人生」を持ちうる人は、何人いるだろうか。オリンピックでも、金メダルは原則一人。参加選手は、みなそのために鍛錬に明け暮れた人々であろう。金メダルが一人だけといっても、ほかの選手全員の人生を否定することなど、できっこない。

その一方で、普通に暮らしていても、事件また事件に見舞われる人もいる。波乱があれば目立つ。いいほうの目立ちかたなら歓迎だが、そうでないのは、苦痛につながる。

「平凡が一番だよ」というのは、いいほうの目立ちかたができない人が、負け犬の遠吠えのように発しているのではない。

「無事これ名馬」という表現もある。

しかし、平凡に過ごしていると、なにがしかの刺激がほしくなるのも人情である。でも、ああなったらいいな、こうならないかな、と考えたり、ああしたい、こうし

たい、と空想をたくましくしたりすることは、時として自分の現実を度外視すること
につながる。
そこから無理が生じ、自分にシッペがえしが来る。
『徒然草』第百八十八段の説教師を志した男のように、招かれたら馬に乗れなくては
ならないし、説教後の懇親の席での芸がなくてはなるまいし……と馬術と芸事を習う
うちに、基本の説教を学ばないで年をとってしまっては、つまらない。
事件や刺激に振りまわされることの少ない、平凡だけれども着実な人生。その意義
深さを再確認せよと教えられたような気がする。

8 貧しくとも心にゆとりを持つ

▼驕（おご）りの気持ちがあったら、いくら金があっても足りはしない。倹約な生活の、貧乏でも余裕があるのに及ばない。

人生は抽象的なものだから、AさんとBさんのどちらが尊いかなどと、簡単に優劣

を論じ定めることはできない。

そこで、年収などの具体的数字で、とりあえず羽振りの良さを比較したりする。

さらに、羽振りの良い人に面と向かったりすると、ある種の勢いを感じ、おののいたりしてしまう。

『論語』に、こんな問答がある。子貢が孔子に、「貧しくして諂うこと無く、富みて驕る無きは如何」と問うた。

孔子は、「可なり（それもまあよろしい）」としながら、

「未だ貧しくして楽しみ、富みて礼を好む者に若かざるなり」

と補足した。

富んでいても礼節のきちんとしている者が一番良い。富んでいれば、生活に余裕があるから、心にも余裕がある。他人に驕りを見せずに生きることもできるから（逆に、貧乏だと、自分を安売りする諂いの行動をしないことは、少しむずかしいかもしれない）。

ところが、菜根譚は、人間の持つ底知れぬ欲望が「驕り」のカゲにへばりついていることを指摘する。

百万あれば、三百万ほしい。三百万あれば、一千万がほしくなる。金はいくらあっても邪魔にならない、という感覚がある。

その一方で、金はある程度貯まってくると、今度は減らしたくなくなる。失うのが怖くなる。

減ったり、失ったりしたら、今まで通り、羽振り良くふるまえなくなってしまうから。

維持しなければ、いや、もっと増やさなければ――こうなってくると、そこにあるのは、孔子が指摘した「余裕」ではなく、「焦燥（しょうそう）」であろう。

卑屈な気持ちで金にひれ伏すのではなく、足元の生活の確立が大事ということだ。

9 苦しみの中に喜びがある

▼心を苦しめている最中にも、常に悦びはある。かえって得意の時に失意の悲しみが起きたりするものだ。

なるほど、言われてみればその通りという感じの言葉である。

以前、『三国志演義』の全訳を刊行したことがある（講談社刊。現在品切れ）。四百字詰原稿用紙で、四千五百枚近い分量だった。

一般のかたなら、一生かかっても書くことのない枚数であろう。

いくら職業だからといっても、一気に書きあげることは不可能である。短距離走のスピードでマラソンを走りきろうとするようなものだ。

少しずつ、少しずつ、進んでゆく。最初のうちは、いつ終わるかなんて見当もつかない。

ひたすら苦難の道が続くようで、苦しい。

でも、やがて全体の三分の一、半分、と作業が進むにつれ、翻訳しながらストーリーを楽しんでいる自分に気づく。

そこに気づくと、だいぶ精神的に楽になる。おそらく、どんなに苦しい仕事の中にでも、そういう喜びや充実感、手応えはあるだろう。

逆に、得意の絶頂のとき、案外、しっかりとした手応えがなかったりする。漢の武帝は、

「歓楽極まりて哀情多し」

と歌った（秋風の辞）。

どこか空虚なのである。目標に向かって苦しんでいたときの充実感が、目標を達成してしまったあとには、見いだせないのである。

「燃え尽き症候群」

という状態であろうか。

いや、そればかりでなく、絶頂のときには、いつまでもそれを失いたくない。しか

し、いつ失うかわからないという不安も襲いかかってくる。誰かに足を引っぱられたり、陥れられたりするかもしれないという心配もある。

「いつまでやっても、楽にならないなあ」とボヤいているくらいで、ちょうどいいのかもしれない。

10 本物は「普通」に見える

▼真に清廉である者には、清廉だの廉潔だのという評判は立たないものだ。評判を欲することは、評判を得たいという貪りの根性から出ている。

はなはだ老荘思想的な一節。私たちは、評判の高い店と聞くと、行ってみたくなる。

そこに行列ができていたりすると、

「評判は本物らしい」

と思い、行列の最後尾に並んでみたりする。

今日では、そういう様子をテレビで放映したりして煽る。

ところが、たいていは長続きせず、翌週、別の店が採りあげられると、客はごっそりそちらに移動してしまったりする。そして、翌々週には……。

『老子』には、

「上徳は徳ならず、是を以て徳なり」（第三十八章）

とか、

「大巧は拙なるが若し」（第四十五章）

のような逆説的警句が多い。

菜根譚のこの一節も、その延長線上にある。本物の徳は、「どうだ。徳を施してやっているのだぞ」なんて誇ったりしない。

ただ、後者の、「非常に巧妙なものは、ヘタクソに見える」は、少し言いすぎかもしれない。「一見したところ、ごく普通に見える」というぐらいに受けとめたほうがよさそうだ。

江戸前握り寿司の名人に、

「全然ムダな力が入っていなくて、自然に楽にやっているように見えますね」

と言ったら、

「力を全く入れなかったら、寿司がかたちにならないわけ。楽にやっているように見える（見てもらえる）ようになるまでが、大変なのよ」

と応じられたことがある。

「どうだい、おれの寿司のかたち。いいだろ？」

というのとは対極の姿勢だ。

長年の修練の積みかさねの先にあるのは、強固な自己主張ではなく、自然体であることを教えられた会話だった。こうやって握られた寿司は美味であること、言うまでもなかろう。

11 調子のいいときが危ない

▼十語った言葉のうち、九つが的中したとしても、すばらしいと称賛することはできない。ひとつ的中しなければ、非難が集中するだろうから。

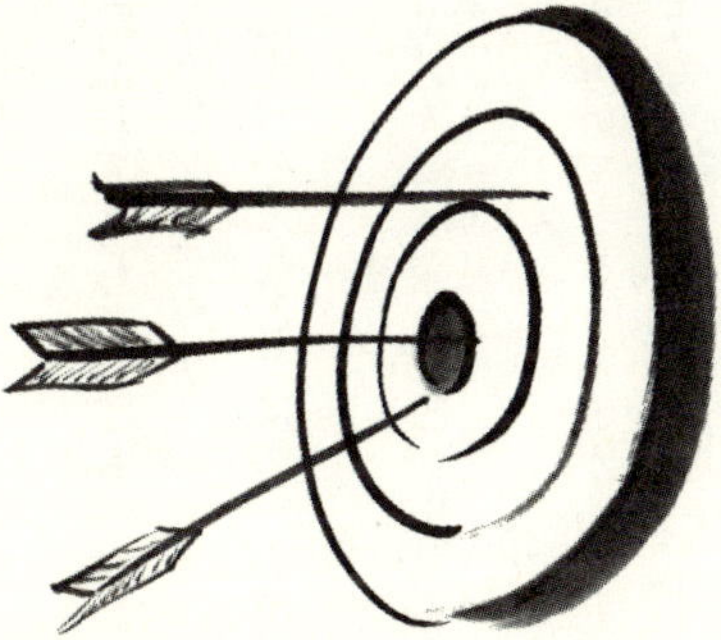

野球で打率が三割を超えたら、なかなかのもので、四割を超えたら、歴史的な超一

流である。

ところが、我々の日常生活の中では、打率で評価されることより、厳しい現実がある。

飲食業界で、創業以来五十年、何の問題もなく営業してきたとしても、たった一回、食中毒を出したら、そのダメージは測り知れないものとなるだろう。

打率なら、九割九分九厘九毛を超えているわけだが、そんなことは言い訳にならない。

野球のほうでも、打率三割五分であっても、チャンスにはことごとく凡退する打者は、スタンドから罵声を浴びせられるけれども。

人生行路においては、たった一回のミスが命運を分けてしまうことがある。だから、調子が良くても、図に乗ってはいけないということだ。

『史記』周本紀に見える「百発百中」も、実は同様の話である。「百発百中の腕前」などと誉める故事だと思ったら大間違いである。

秦の猛将白起に対し、その攻撃をやめさせようとした弁説の士が、伝説の弓の名人養由基の話として「百発百中」の話を語る。

「たしかに、養由基は百回矢を放てば、百回的に当てましたが、そのまま百一回、百二回……と永遠に当てつづけられるでしょうか。弓もくりかえし使用すれば、ゆがみが生じ、狂いが出ます。射るほうも疲れがたまり、集中力も落ちてきます。やがて、当たらない矢が出る。そうしたら、今までのことは、台無しになってしまいます。そして、あなたが直面しているのは、戦争という重大な問題です。次にちょっとでも失敗したら、あるいは勝てたとしても自軍の犠牲が大きかったら、どうします？」

当たっているうち、売れているうちはいいけれども——と置き換えると、あらゆる業種に通じる言葉だろう。

12 他人の言葉に惑わされない

▼耳や目から入ってくる情報は、外から自分を賊うものである。外のものに動かされる情欲は、自分の内側にあって自分を賊うものである。

ここで言われていることは、極端なもので、外から我々に入ってくる情報のすべてが悪いものというわけではない。

当然、自分を高めてくれる新しい知識や、思い悩んでいたことを、すっきりと解決してくれるような情報も少なからず存在する。

『荘子』に、

「外物は必すべからず」

という警句がある（外物篇）。自分以外のものすべて、当てにはできないということだ。

「自分自身だって、当てになるまいよ」

という理屈はさておき、テレビでレポーターが評判の店の料理を食べ、目を見開いて「おいしい」と叫ぶので、自分も行ってみる。そうしたら、「どこが美味なの？」——こういう経験は、けっこう多くの人にあるのではないか。

自分が良いことをしても、世間は認めようとしないということもある。

しかし、我々は、テレビなどの情報をつい信じ、心を惹かれ、購入したりする。時にはムダなものまで。

いっそ、情報がなかったら、間違った買物をしないですむかもしれない。

でも、そこで反省する。

「いやいや、自分の主体が確立していないから、いいかげんな情報に惑わされるのではないか」

——かくて、この一節の言葉が出てくる。

『孟子』は、こう言っている。

「学問の道は、他無し。その放心を求むるのみ」
と（告子篇・上）。

本来は、いい心を持っているのに、外のもの（欲望の対象ばかりでなく、自分に対する世間の評判も広く含むだろう）に惹かれ、揺り動かされて、心がどこかに行ってしまう。それを取りもどしたところに、はじめて主体の確立がある。

『荘子』も『孟子』も、そして菜根譚も、同じようなことを言っているわけだ。

13 才能をひけらかさない

▼人間にそなわった徳が、その人間の才能をあやつる主人である。
才能自体は、その人間に使われる奴隷である。

訓訳の通例に従って「奴隷である」のように訳したが、ニュアンスとしては、「奴隷でなければならない」のほうが近いだろう。

我々は、誰かが卓越した才能を示すのを見るとき、驚嘆（きょうたん）したり、うらやましいと思ったり、あのようになりたいと思ったりする。

でも、実際に人としてつき合ってみると、円満さ、謙虚さの欠けた人間であることに愕然（がくぜん）とし、

「あの人間性は、ちょっといただけないな」

などと思い、あこがれるのをやめることもある。

もちろん、芸術の分野などでは、そのあまりの才能に、人間性については大目に見ておこうという場合もあるが。

ここで言われていることは、そういう場合であっても、その人物の基本にあって、その才能をあやつっているものが徳であることが理想的であるということである。

才能のほうが主体となって、その人物の徳を台無しにし、その人物をあやつるようではいけない。

菜根譚の立場からすると、才能をあやつるのが徳であったとして、「これが徳だぞ。どうだ」とか誇らしげにアピールするのは、本物の徳ではないはずであった。

『荘子』徳充符（とくじゅうふ）篇に、身体不具でありながら、すべての人を魅了してやまない哀駘它（あいたいだ）の話がある。

ここに孔子が登場して解説をし、哀駘它のことを、「才全（さいまった）くして、徳（とく）の形（あら）われざる者（もの）なり」と評している。

キラキラと才能を輝かせることもなく、その上、完全な徳をそなえているのに、他人にそれを気づかせない。これこそ最高の境地である。

菜根譚の著者、洪自誠（こうじせい）は、この『荘子』の世界をふまえた上で、ものを言っているのであろう。

14　他人の評価は本質的なものではない

▼高貴な地位にあると、人は私を尊重するが、それは高い冠と大帯を尊重しているのである。身分が卑賤だと、人はバカにするが、それは粗末な衣服や履物をバカにしているのである。

この一節は、その人自身の価値が正当に評価されるというよりは、その人の羽振りの良さや社会的地位に媚びてくる手合いが多いことを言っている。

私にも、こんな経験がある。学生が私のところに来て、私の知り合いのある作家を学園祭に招きたいと言う。

しかし、その申し出があったのは、学園祭の二ヶ月前であった。それでは、スケジュール的に言っても無理だろうと応じると、

「そこを何とか、先生の顔で来てもらうことはできませんか」

と言う。

「無理なものは無理だな。私だって一年以上前から予定が入っている日があるんだ。……ところで、どうしてそうまでして呼びたいのよ」

すると学生は、こう答えた。

「今、一番話題になっている人ですから」

そこか。その作家の作品を読んでほれこみ、どうしても話が聞きたいからというのではなく、「話題の人だから」なのか。

じゃあ、話題が鎮(しず)まったら、呼びたいなどとは思わないのだな。それでは、口をきいてやる価値もない話だ。

でも、こういうことは案外、多いかもしれない。その人の地位に、富にへつらい、ちやほやする。その人が落ちぶれたら、見向きもしない。世間とは、そうしたものかもしれない。

『論語』学而篇(がくじ)の冒頭の一節に、

「人(ひと)知らずして慍(いきどお)らず。また君子(くんし)ならずや」とある。

菜根譚のこの一節を照らし合わせると、どのみち本質的な評価を下されたわけではないのだから、怒らなくていいんだよ、というふうにも読めてくる。

15 世間と調和して生きる

▼世の中を生きてゆくには、俗な人間と価値観を同じにしてはいけない。しかし、俗世間とまるで違ってもいけない。

禅問答のような感じである。「同じであってはならず、違ってもいけない」と言っているのだから。

でも、これははじめにある通り「処世」のこと。世間を飛び出してしまうのではなく、あくまでも、世間の一員として生きていくときの考えかたである。

もちろん、この一節は、『論語』の子路篇に見える有名な言葉、

「君子は和して同ぜず、小人は同じて和せず」

に基づいている。『論語』での発言者は孔子だから、重みがある。

立派な徳をそなえた人物（君子）は、調和するけれども、付和雷同（うわべだけ同調すること）はしない。小人（つまらぬ人間）は、付和雷同するばかりで、本当に調和することがない。

俗世間と調和して生きてゆくが、歩調をそろえるわけではない。さりとて、あくまでも俗世間の中で生きているのだから、排他的な区別を設けない、ということである。

和＝調和という概念は大事なもので、聖徳太子の十七条憲法にも、

「和を以て貴しと為す」

とある。もとは老荘思想のほうでの言葉で、『荘子』在宥篇に、こんな話がある。

黄帝という伝説の聖王が、広成子という仙人に道を問う。広成子は、黄帝に位を捨てさせ、いろいろと話したあげくに、

「私が千二百年生きてきて、全く肉体も精神も衰えずにいるわけは、真の道のみを守って、その『和に処る』からである」

と言う。

この話は寓話だが、実際に我々が生活の場で「和」「同」を明確に区別し、誤りなく見分けられるかというと、むずかしそうである。

16 夢をかなえるのは無心の人

▼功業を打ちたてるのは、虚心で円満な心の持ち主である場合が多い。事業に失敗し、機会を失う者は必ず執念ぶかい人である。

この一節には、いくぶんか問題提起の感がある。

数年前、何かというと、

「夢をあきらめないで。きっとかなうから」

という言いかたがされていた。

夢の実現のために、歯をくいしばって頑張りぬくことは、「我執」なのであろうか。

菜根譚は、

「そうだ。我執だ」

と言いそうに見える。

もっとも、夢をあきらめなければ絶対にかなうのかと言うと、そうでもない気もする。

たとえば、画家になりたいという夢を持つ人が、何万人いるかわからないが、実際に画家となって、やっていける人は何パーセントだろうか。

無数の競争相手がいる世界である。さりとて、画家になれなかった人すべてが、執念ぶかい人であった、ということはないように思える。

それどころか、耐えに耐えぬいて夢を実現した人にだって、たくさんいそうである。

では、菜根譚はヘンなことを言っているのだろうか。

不思議なもので、「成功したい」という夢は、「野心」に直結しがちだ。

野心に満ち満ちた画や文章が、感動を呼ぶものになるだろうか。

文は人なり、と言うが、画も人なり。読む者、観る者には、そこに含まれる野心や、売らんかなという欲望が見えてしまうものである。

こうなると、「なぜ自分の芸術は理解されないのか」ではなく「なぜ自分の芸術は売れないのか」になってしまう。自分という枠を超えられないのだ。

すべからく芸術とは、「より良い作品を追求してゆく営み」であるべきで、そこに雑念が介在してはいけない。そして、芸術に限らず、功業(こうぎょう)を成しとげる者は、執念の人ではなくて、無心の奉仕者である、と菜根譚は言いたいのであろう。

17 時間の流れという「線」で考える

▼思い通りにならなくても、心配することはない。思うままになって気持ちがいいからといって、喜んではいけない。安定がいつまでも続くと思ってはいけない。物事の最初に困難があっても、逃げてはいけない。

原文にある「払意（ふつい）」とは見なれない言葉である。払は、はらうではなくて、この場合、さからうの意。『韓非子（かんぴし）』に「忠言は耳に払う（さからう）」という例がある（外儲説（がいちょせつ）・左・上）。

菜根譚のこの一節は、今まで見てきた各節と色合いが少し違う。

当面する困難や、思った通りに事がはこばなかったとしても、それは当面する「現在」という時間においてである。

そういう「点」で考えるのではなく、引き続いてゆく時間の流れという「線」で考えてみよう、という提案である。

今現在は理解されなくても、悩む必要はない。時間が流れれば情勢も変化する。本当に正しいことなら、時間がたつにつれ、理解してくれる人が増えてゆくはずだ。

『論語』にも、

「徳は孤ならず、必ず鄰有り」

とある（里仁篇）。本当に正しければ、必ず味方になってくれる人がいるという意味である。

最初でいきなり壁にぶち当たってしまっても、逃げずに立ち向かっていくうちに、自分が間違ったことをしようとしているのでない限り、必ず突破口は見つかるものだ。

——というふうに述べる菜根譚は、前項で書いた「夢をあきらめないで。きっとかなうから」と同じようなことを言っているようだ。

い。

でも、線で考えた場合、自分にとっていい方向にばかり展開してくれるとは限らない。

うまくいっていても、安定していても、いつ変化に見舞われるか、わからないから要注意。

行楽地に向かう車で、「意外と流れているじゃないか」と思っていたら、その先で大渋滞。結局、予想した以上の時間がかかってしまうことがある。そんな経験からも読める言葉だろう。

18 「その時」をジッと待つ

▼動きだけを好む者は、雲間（くもま）の稲妻や風にゆらめく燈火のように、長続きしない心配がある。静寂だけを好む者は、灰や枯木のように、花を咲かすことなく終わってしまうおそれがある。

活動的な人もいれば、物静かな人もいる。活動的な人は、動きを止めることをおそ

れているかのように、動いている。動くことによってこそ、自分の未来が開けると考えているように見受けられる。

物静かな人は、自分から動いて売りこみに走ったりせず、どことなく「順応」することに自分の本分を見いだしているかのようである。

そして案外、お互い、心の中で、「ああいう生きかたができたら……」と思っていたりするのかもしれない。

だが、菜根譚は、単純な「動」、単純な「静」ではいけないと言う。前者は一見にぎやかで派手だが、一時的なパフォーマンスで終わる心配がある。人生はマラソンのようなもの。生涯を全力疾走のみで乗りきれはしないだろう。

後者は、いかが。悪くすればアピール不足で、自分の能力を理解してもらえない「引っこみ思案」。能力発揮の機会をのがしてしまうかもしれない。何もせずに人生を終わってしまうかもしれない。

菜根譚は警告を発しているのだ。自分は本来的に「動」の性格だと思っていても、動くことだけが成功を約束するわけではないよ、と。「待ち」の姿勢もいいが、待っていさえすれば、自動的にチャンスが来るわけではないよ、と。

普段は静かにしていて、いざ動くべき時が来たら、動く。この見きわめが大事である。

夏目漱石が芥川龍之介と久米正雄に向かって、

「牛になりなさい。牛になってウンウンと押すのです。人々は花火には一瞬の記憶しか残してくれません」

と語った話を思い出す。

漱石先生は、菜根譚を読んでいたように思われる。地道に、黙々と努力をかさね、雄飛する時を待つ。地道な努力（静）あってこその雄飛（動）。両者は実は一体のものである。

第二章

心の持ちかたで毎日が楽になる!

19 強者に媚びる生きかたはしない

▼人間本来の道を歩み、徳を守って生きてゆく者は、一時的に寂しく手応えのない思いをする。権勢のある者にすがり、阿る者は、永遠に寂しく痛々しい。

ここで言われていることは、道や徳に生きる者は、一時的に寂しい思いをしても、最終的には理解され、評価されるが、その反対に、権勢に阿る者は、一時的に繁栄することはあっても、結局、永遠に寂しい生きかたを残すだけである、という対比の構図である。

たしかに、権勢にへつらって地位を手に入れ、富を得たとしても、心は豊かになれなさそうである。その権勢の持ち主に世話になった以上、季節の付け届けは欠かせないし、つまらぬ物を届けて、相手の不興を買うわけにもいかない。

その権勢の持ち主（仮に、大将と呼んでおく）が元気な限り、これが続く。

やがて、大将が病気に倒れたり、世を去ったりした場合は、どうなるか。

歴史上、こんな例がある。商君（姓名は公孫鞅）という男がいた。秦の孝公（在位、前三六一－前三三八）に自分の説を売りこみ、気に入られた。

商君は容赦なく厳しい法令を布き、「賢者が法をつくり、愚者は言うことを聞いていればいいんだ」とうそぶきつつ、国政改革にあたり、富国強兵の実績をあげた。

ところが、孝公が死んだとたん、反動が起きた。それまで刑罰を与えられ、商君を恨んでいた勢力が逆襲に出たのである。

商君は脱出したが、宿屋で一服しようとしたところ、宿屋の主人に宿泊を拒否された。

「商君さまの法令によりまして、正式の旅券をお持ちでないかたを泊めることはできません」

と。商君は、自分で定めた法令が自分を、と天を仰いだが、すでに遅し。結局捕われ、車裂きの刑に処せられて死んだ。

商君は、はじめ厳しい法令の施行による富国強兵策を孝公に説いたのだが、これは実は数種類用意した台本のひとつであった。彼は権勢に媚び、そして滅び去ったのである（『史記』商君列伝）。

20 智恵は身を守るためにこそ使う

▼智恵を使ったあくどい仕掛けを、全く知らないで生きている者は貴（たっと）い。それを知りぬいた上で全く用いない者は、さらに貴い。

根っからの善人で、悪いことを思いつくこともなく生きている人は、貴（たっと）い存在である。

でも、なまじ智恵があると、駆け引きを演じたり、人の足を引っぱったりすることがある。だから、『老子』第十八章には、

「智慧出でて大偽有り（智恵が身につくと、大嘘が生まれる）」

と言う。なまじな智恵は、善用されるより悪用されやすいということだろう。

『韓非子』にも、

「智を去りて明有り。賢を去りて功有り。勇を去りて彊（強）有り」

と言う（主道篇）。

ヘンにひねったり、ななめから見たりしていては、智恵を使っているつもりでも真実は見えないから、そんな智恵など捨て去ってしまったほうがいい。なまじな賢さは、かえって功績をあげるには邪魔になる。ただ勇みかえっているのなど、真の強さではない。

どうやら、『老子』も『韓非子』も、智恵を悪用することの醜さを指摘しているようだ。

菜根譚のこの一節は、そうした古典的警句の一歩先に行こうとしたもので、「知の弊害」について、十分に知りぬいていた上で、みずからは知を悪用しない境地に理想を見たものである。

たしかに、「知りぬいて」いたほうがいい。世の中を生きている限り、どんな人間が自分に対して悪さを仕掛けてくるか、わからないからだ。

そうした罠(わな)、悪魔のささやきから身を守るには、知識があったほうがいい。

その知識によって、自分ばかりではなく、ほかのまじめに生きる人を守ってやれる場合もあるだろう。

つまり、菜根譚がここで表現していることは、「智恵を悪用するなかれ」とか「悪事をなすなかれ」という方向ではなく、防備の姿勢なのである。智恵は、攻めだけでなく、守りにも使うものである。

21 欲と思いこみを捨てる

▼功績・名声・金・身分を得ようとする心を捨てられたら、もはや凡人ではない。道徳・仁義にすがる心を捨てられたら、聖人の仲間入りができる。

後半に見える「道徳・仁義を放棄できれば聖人」という図式は、たとえば、『老子』第三十八章に、

「上徳は徳とせず、是を以て徳有り。下徳は徳を失わず。是を以て徳なし」

と言うような立場に見える。『老子』によれば、下徳は、「徳のためにする徳だから、本当の徳ではない」ということだ。わざとらしく、いやらしい、空虚なパフォーマンスである。

でも、前半は老荘思想ではなさそうだ。『論語』述而篇に、孔子のこんな言葉がある。

「富にして求めべくんば、執鞭の士（車の御者）と雖も、吾も亦これを為さん。如し求むべからずんば、吾が好む所に従わん」

求めれば富が得られると決まっているものなら、私は、御者でも何でもやるよ。求めれば得られると決まっていないなら、私は自分の好きなことをやって生きていきたい（貧乏だってかまわないし――）ということである。

孔子は、菜根譚のように、富を求める心を「放ち得下せ」、放棄せよと強く訴えているわけではないが、やんわりとは否定している。

富をむさぼる心は、功績や名声や身分をむさぼり欲する心にも通じる。いや、同じものと言っていいだろう。

凡人は、なかなかここから解脱できない。だが、孔子は、楽にサラリと自由になってしまっているようだ。

前半は『論語』のような、つまり儒家思想。後半は『老子』に通じるような、道家思想。

菜根譚の著者、洪自誠のなかで、両者が混然と入り混じっているのではなく、もともと儒家と道家には似たような考えかたがあるのである。

ここで洪自誠が示してくれたことに学んで、我々も、固定観念というか、思いこみで儒家思想と道家思想は対立しているはずだ、と機械的に考える「考えかた」から自由になってもよさそうだ。

22 自分の心に克つ

▼あらゆる悪魔的なものに打ち克つには、まず自分自身の心に打ち克て。自分の心に克てたなら、どんな魔物もたじろぎ、言うことを聴くはずだ。

「降魔」という仏教の言葉がある。釈迦が悟りを開くときに現われた悪魔による妨害

に、釈迦が打ち克(か)ったことを表わす。

特に悟(さと)りを開こうと思っていない人にも、あらゆる妨害が襲いかかってくる。

この妨害には、誘惑もある。

「そんな辛(つら)い思いをしてどうなる？　いっしょに遊ぼうぜ」

「無理に今日片づけてしまわなくても、あしたで間に合うじゃないか」

「そんなに根をつめて身体をこわしたら元も子もないぞ」

純粋な誘惑から、もっともらしい口実まで、妨害・誘惑は各種取りそろえられている。

「まず自分自身の心を降伏させよ」とは、自分自身が、そうした誘惑に負けない心をそなえていなければならないということである。

「克己復礼(こっきふくれい)」という言葉が『論語』に見える。

「己(おのれ)に克(か)ちて礼(れい)に復(かえ)るを仁(じん)と為(な)す」

自分に打ち克って、礼（秩序・規範）に立ちかえることが、仁(じん)（人間の真心）であるという孔子の言葉である（顔淵(がんえん)篇）。

生活の中で、自分に伸びてくる誘惑の魔の手は無数にある。その中で、最も大切なのが、あらゆる誘惑・妨害に負けない心である。

実際に、ある誘惑が忍び寄ってきたとき、「初心にかえる」という対処のしかたもあるだろう。

「休んでいいのか？　遊んでいいのか？　自分は何をしようとして生きてきたのか？　これでいいのか？」

と問いなおし、姿勢を正す。

でも、ここで菜根譚が言っていることは、もっと理想的に仕上げられた心になることである。

初心にかえってみるとかいった、「何らかの方法」を用いるのではなく、おのずと群魔（ぐんま）（あらゆる魔的なもの）を斥（しりぞ）けてしまう心を持って——むずかしいが、この心を実現できれば、大成は疑いあるまい。

23　状況に応じて「自分」を使い分ける

▼治まった世の中では、四角四面に生きるべきである。乱れた世の中では、つとめて円満に生きるべきである。

『三国志』の登場人物曹操を評した言葉に、

「治世の能臣、乱世の英雄」

というものがある。治まった世の中なら有能なる臣下として力を発揮する。乱世であったら、ひとかどの英雄としてやっていける、ということで、どんな世の中においても、能力を発揮して生きてゆけるだろうという最大級の賛辞である。


菜根譚は、治世と乱世では、心がけるべきことが違うと言う。これをもう少し極端に言うと、『楚辞』の「漁父の辞」の中で、

「滄浪の水、清まば以て我が纓を濯うべし。滄浪の水、濁らば以て我が足を濯うべし」
のようになるだろう。
滄浪川の水が清んでいたら、（仕えて）自分の冠の纓を洗うがいい。濁っていたなら、自分の足を洗うがいい。治世と乱世で、自分を使い分けて生きるがいいという意味だ（この歌、『孟子』の離婁篇・上にも載っている）。

治まった世の中なら、角ばって生きてゆくこともできる。多少うるさがられても、規範として重んじてもらえる。

でも、乱世で角ばっていたら、すぐ誰かと衝突を起こし、つまらぬことで命を落としかねない。

つまり、乱世とは、どんな正義感の持ち主も妥協を余儀なくされる時代である。

『荀子』君道篇には、
「水は方円の器に随う」
という言葉がある。

これは、君主がきちっとしていれば、臣下たちもきちんとし、君主がだらしないと、臣下たちもだらしなくなることの喩えである。

臣下たちは水のように、君主の様子に合わせてかたちを変える。

これを君臣関係に限定しないで、広く臣下の側からの視座で発言すると、ここの菜根譚のような物言いになる。妥協を余儀なくされたときに、慰めとなってくれるような言葉である。

24 読書にはまっさらな心で向き合う

▼心の中をきれいさっぱりとした状態にして、はじめて書物を読み、古を学ぶべきである。そうしないと、善行ひとつを見ては自分が高められたつもりになり、善言ひとつを聞けば、短所を覆い隠す方便にしようとする。

菜根譚もそうだが、古典は知恵を集めた宝石箱であるかのようだ。

でも、これはあくまでも「あるかのようだ」なのである。

そこに含まれた言葉を生かすも殺すも、読者次第。つまり、読者の責任領域である。古典の言葉をいいと思い、実生活に応用したら、友だちに嫌われたなどということになった場合、書物を地面にたたきつけ、踏みにじってみても、しかたない。古典は責任をとってはくれない。

人が、他人の人生にまで責任をとれないのと同様、書物は読者の人生に責任をとってはくれない。もちろん、いい影響を与えてくれる場合も多いが。

カルチャースクールや講演の場で、「その話が現代にどう通じているのか？」という質問をされることがある。

しかし、それも聞く人それぞれの問題で、すべての人に対して、それぞれの「現代」とどう結びつくかなんて、語れない。

ある人には切実でも、ある人には全く無関係の世界であることは多い。

最大公約数的な話が、それぞれの人の問題意識を刺激することを願って話すしかない。

ところが、読書というと、そこから何事かを読み取り、役立てなくてはいけないという功利意識が、先入観となってしまっている場合が多いように見受けられる。

逆に、本を読んでいることが特権意識をくすぐる場合もありそうだ。

そうした「色眼鏡」をかけるのではなく、まっさらな心で向き合ったとき、書物は真実を語りかけてくれる。心がけ、ではなく、自然にそうなっていることが望ましいだろう。

25
「ほど」をわきまえる

▼欹器（いき）という不思議な容器は、空（から）だと立たずに転がってしまう。程よく水が入ったときに立つが、それ以上、水をそそいで満杯にすると、また倒れてしまう。撲満（ぼくまん）は、穴しかあいていない土製の貯金箱のようなもの。いっぱいになると、撲（う）ちこわされてしまう。中に空間があれば無事だ。

欹器（いき）の「欹」は、傾（かたむ）くという意味。壺（つぼ）のような容器の内側の一部に、肉をくっつけたように仕立ててあるので、何も入れないと、立たない。ちょうどいいくらいに水が入ると、立つ。でも満杯にすると倒れる。

わざとそうしてあるのだ。これは、欲望を程よく制御せよということを教える道具で、『荀子』に見える。

撲満は、晋の葛洪の『西京雑記』という文献に見える。今日も、いっぱいになったらこわす形式の貯金箱はある。

「もっと、もっと」と欲望をたぎらせていくと、我が身を損なうことになる。盗賊にねらわれたり、誰かの嫉妬を買って陥れられたり……。

しかし、欲望を制御せよと言われても、

「どこまでなら欲望の追求が許されるのか？」

と、あらためて問うてみると、この答えはむずかしい。

数字で決められるものではないからだ。たとえば、「何千万円まで」などと決まっていたら、みんな警戒して欲望のままにはしないでいられるかもしれないが、そんな基準はない。

あくまでも自分で考え、自分でコントロールしていかなくてはならない。

言葉の上でなら、たとえば『淮南子』泰族訓に、

「天地の道は、極まれば則ち反る。盈つれば則ち損ず」

と言えるが、現実の問題としたら、どうか。

「まだ、もう少しは大丈夫ではないか」

「まだいけるだろう」

「これっぽっちでは、つまらん」

などなど、人によって判断が分かれる。

友人などから、

「お前、何でそんなところで止めちゃうんだ?」

と言われれば、また心は揺れ動く。

いけないとわかっていても、人の心は欹器みたいに造られてはいないから。

26 自分に素直になる

▼名声を欲する根性が抜けきっていない人間は、千台の戦車を保有する諸侯の身分になることをバカにし、椀に一杯だけの水を飲みながら粗末な食事をしてみせていたとしても、俗世の欲望にまみれた人間である。

口先では物欲を軽んじ、表向き清貧に暮らしてみせていても、結局、「清貧な人だ」

という評判をとりたいがために、そうやってみせているのだとしたら、実に空しい行為であろう。

我が国の『東関紀行』に、

「この奥に隠者がいます」

という標識を立てている隠者が登場するが、それでは隠者とは言えまい（ただし、『東関紀行』は、その隠者を非難してはいない）。

やはり、『論語』に見える顔回のように、徹底して本物の清貧に甘んじ、学問を愛し、楽しんでいるような姿でないと、説得力がない。

でも、実際は、ある分野の権威がいれば、「反権威の権威」みたいな人も出てくるもので、どこまでが本音で、どこまでが営業用の顔かわかりにくい場合も多い。

特に、マスコミを通じてのみ知っている人物が、実際に会ってみると、それまでのイメージとずいぶん違っていたりすることも多い。

要するに、他人のイメージのことはさておき、自分自身の心がけとしては、名声を欲求することが基本にあるような生きかたをしないことだろう。

しかし、最初はそうしたウケねらいであっても、外向きの自分を演じることが内面

を陶冶しないとも限らない。『孟子』告子篇・下に、

「（古の聖王の）堯の服を服て、堯の言を誦え、堯の行ないを行なわば、これ堯のみ」

と見える。最初はマネっこでもいいじゃないか、いいもののマネなら、自分を高めるのだからということである。

これと同じことを兼好法師が言うと、

「（堯の次の聖王）舜を学ぶは舜の徒なり」

とは言うものの、

「狂人のまねとて大路を走らば、すなわち狂人なり」

と皮肉めいてくる（『徒然草』第八十五段）。

27 笑顔は心を和らげる

▼人の心には、喜びの精神を欠く日があってはならない。

いつも喜びの精神で人に接し、物事を受けいれる。言うのは簡単だが、実行はむずかしい。ふとしたことで、朝、家族といさかいを起こす。それが思った以上に尾を引き、一日中気分が悪いなどということが、よくある。

だが、洪自誠は、こう言っている。

暴風雨のときには、鳥たちも悲しげだ。晴れわたって風もおだやかな日には、草木もうれしそうだ。天地の間に温和な空気がなくてはならないのと同様、人の心にも喜びの精神が欠けてはならない。

昔、いくつかの定時制高校で産休代理の仕事をしたことがある。そのうちのある高校で出会ったS君は、いつもニコニコしていた。

授業中も、給食の時間も、微笑を絶やさない。しかも、わざとらしさのない、自然な笑顔である。

昼間はどこかで接客の仕事をしていて、定時制高校に通ってきているのかと思った。

ある日、彼に直接訊いてみた。

「いつもニコニコしてるんだね」

その答えに衝撃を受けた。

「ニコニコしていても、怒った顔をしていても、自分の人生は変わらないだろうと思う。だったら、ニコニコしていたほうが、いいでしょ」

負けた。彼は心がけてそうしていたのか。いつからそういう人生観を持っていたのか。そこまでは訊かなかったが、自然に他人の心をも和らげている。

実は、この言葉をたどってさかのぼってゆくと、『荘子』に行きあたる。

「物と春をなし、時を心に生ず」

万物に対し、春のような態度で喜び、受けいれれば、心の中に時間が生まれる（徳充符篇）。

何という豊かな言葉であろうか。

28 冷静さも情熱も一長一短

▼情熱家は、燃えさかる炎のようだが、ほかの物に接触すると、そのものをヤケドさせる。情に踊らされぬクールな人は、ほかの物に接触すると、すっかり気分を冷やしてしまう。

現在はどうかわからないが、昔の教育では、

「自分の長所はさらに伸ばし、短所はなくすよう努めよ」

と言われていた。

でも、長所と短所は明確に線が引かれるものではなく、ひとつの傾向が、ある場合は長所になり、別の局面では短所になってしまうものである。

たとえば慎重な人がいる。じっくり物事を見すえ、着実に歩んでいく。長所である。しかし、急激な変化に見まわれたり、ふいに商談が持ちこまれたりしたとき、敏捷に動けないと、みすみすチャンスをのがすかもしれない。

こうなると「慎重さ」は短所と化し、「トロい」「グズ」になってしまう。

こんな場面には、「軽挙妄動」「尻が軽い」という短所を持つ人間のほうが、巧みにチャンスをものにしてしまうだろう。

菜根譚のこの一節も、こういうことだ。

火が燃えるような情熱家は、先頭に立ってグイグイと人を引っぱる。しかし、他人をまきぞえにし、被害を広げるタイプでもある。

反対に、氷のようにクールな冷静家は、他人を引っぱらないし、他人に恩を振りまくこともない。だから、我が身を清らかに保っていられるとも言える。

ところが、こういうタイプの人は、他人を鼓舞し、元気づけることがない。

「あいつは一人だけ澄ましていて、イヤになるよ」

「お高くとまってるんじゃないの？」

と言われるような性格だということ。

むずかしいことではあっても、冷静と情熱、場面場面で適切に発揮できるようでないと、大成はおぼつかないということか。

29 感謝の気持ちを忘れない

▼光り輝く心があれば、暗い部屋の中にいても青空が見える。心が暗いと、まっ昼間にだって化け物が出る。

いつまで続くのか見当がつかない持続的な仕事をしていると、ふと心が曇(くも)ることが

ある。

「なぜ自分はこんなことをしているのだ」

「なぜ自分はこんなことをしなくてはならないんだ」

ひとたび心が曇ると、恨みたくなるのか、表現もエスカレートしてくる。が、あまたの学生に触れてきた私の経験上、今の二つまでは、口に出しても、神様は許してくれるらしい。でも、

「こんなことをして何になるんだ」

とまで言ってしまうと、そのあと成功した人を見た覚えがない。

どんな仕事でも、社会を支える大事な仕事である。愚痴（ぐち）を言わず、黙々と仕事をする人がいる一方、すぐに飽きてしまい、弱音（よわね）を吐き、はてには運命を呪（のろ）う人もいる。まわりに人がいると、さすがにブチまけることはしないものの、一人になると肩を落とし恨（うら）みごとを言う。

こういう状態のときも、心を正しく持っていないといけないということは、『大学』に、

「君子（くんし）は必（かなら）ず其（そ）の独（ひと）りを慎（つつし）む」

と言われている通りである。

つまらない仕事にも意義を見いだし、それを楽しんでいけるような心があれば、どこにいても明るく生きていける。

そういう人に神様は祝福を与えてくれるのだろう（そういう人を見ている神様がいるとしての話だが）。

逆に心が曇ってしまっていると、どんなにいい境遇にいても、それをまっすぐに受け取れず、ひがんだ「もののの見かた」をしてしまう。

これは結局、感謝の心に置き換えられる問題であるかもしれない。菜根譚はそのへんを教えてくれているのだろう。自分の仕事への感謝と、自分が見ることのない所で仕事をしてくれている人への感謝とを。

30 心のオン／オフを切り換える

▼心はガランと空けておかなくてはいけない。空いていれば、正義がそこに入ってくる。心は充たしておかねばならない。充たしておけば、物欲など入ってこない。

空けておかなくてはいけなくて、同時に充たしておかなくてはいけない。何だか禅問答のような感じである。

禅の思想と老荘思想はとてもよく似ている。

『荘子』の斉物論篇に、

「心は固に死灰の如くならしむべし」

と見える。完全に火の消えた灰のように、何ものに対しても動かぬようでなくてはいけないと言っている。この一節の前半に対応しそうに見える。が、そこに入ってきて住みつくのは、正義であるとなると、今度は儒家(じゅか)の思想のようである。原文で「義理」と言うのは、義理人情の義理ではなく、正義の筋道のことである。

つまり、心が物欲で満たされていると、正義が入ってくる余地がないから、空けておけという意味である。

これと連動して考えれば、後半もわかる。正義を心に充満させておけば、物欲など入りこむ余地がない、ということだ。

となると、禅問答と言うより、生活の知恵、日常訓のような感じになるだろう。儒・仏・道が渾然一体(こんぜんいったい)となったようなこの一節は、菜根譚全体を眺(なが)めわたしたときにも目立つ傾向である。

思うに、この一節は、『老子』第三章の、「其(そ)の心(こころ)を虚(むな)しくして、其(そ)の腹(はら)を実(み)たす」の後半の「腹」を「心」に変えたパロディのようなものではなかろうか。

もっとも、『書経(しょきょう)』の仲虺之誥(ちゅうきしこう)篇に、

「志自ら満たば、九族乃ち離る」

という言葉がある。

自分の心を満たし、十分だなどと思ったら、みんな自分から離れていってしまうから、日々、己の徳を新たにせよ、と。

ここで、正義で心を満たしてあるから大丈夫とは言えないのだろうか——などと考えたりすると、新たな禅問答のような感じになってしまう。

31 悲観も楽観もせず、現実を見る

▼まだ成しとげてもいない功績を、成しとげたつもりになってあれこれ考えてもしかたない。すでにできあがったものをきちんと保持せよ。してしまった失敗をいつまでもクヨクヨ考えるより、将来失敗しないように心がけよ。

「この仕事が完成したら次は……」のように、先へ先へと考える傾向は、誰にでもあるかもしれない。でも、それはまだ「捕(と)らぬ狸(たぬき)の皮算用」。その通りにならなければ、すべて泡のように、はかない空想である。宝くじを買い、

「当たったら、海外旅行に出かけ、おいしいものを食べ、それから一億円ぐらいで家を買って……」

と夢想しているのだったら愛嬌（あいきょう）があろうが、

「うーむ、大傑作の予感がする。出版社に持って行けば、どこでも出版してくれるだろう。そして一躍ベストセラーになって、印税がガッポリ入り、テレビへの出演依頼が来て……」

というのは、だいぶむずかしいであろう。

そういう夢想家の対極に、過去の失敗をいつまでも悔（く）やみつづける悲観派の人もいる。

そのいずれも、自分が立脚している「現在」「現実」を見失って、あるいはそこから目をそらそうとしている行為ではないか——菜根譚は指摘する。

前に進んでいくには、いつも自分の現在・現実から出発しなければならない。そこからしか出発のしようがないわけだ。

実は、この一節も『論語』から発展したもの。孔子の言葉で、

「成事（せいじ）は説（と）かず、遂事（すいじ）は諫（いさ）めず、既往（きおう）は咎（とが）めず」

と見える（八佾（はちいつ）篇）。

成事・遂事・既往、表現は違うが、いずれも「そうなってしまった過去のことを今さらどうこう言っても」という意味。でも、

「すんだことは、しかたない」

とは、さばさばと忘れてしまえという意味だけではなく、常に現在・現実に責任を持つことを忘れるな、である点が厳しい。

32 不平不満の目で物事を見ない

▼自分の心がいつも円満を見いだせるのであれば、天下には欠けたものなどない。

言われてみれば、その通りかもしれない。我々はつい、あれが不満だ、ここが不服だと思って生きている。

自分の基準をもとに判断し、他人も同じように思うに違いないと勝手に思っているところがある。

でも、人間は一人ひとり違う。がまん強い人もいれば、すぐ弱音を吐く人もいる。後者の人がボヤいたり、嘆いたりすると、がまん強い人は、

「そこまで大さわぎするほどのことじゃあないと思うが」

などとつぶやくだろう。

ここに言う「円満」とは、自分の感情・感覚のみに基づく判断を、絶対のものとしない立場を得ることである。

ひがみ根性というのもある。これがあると、ますます円満から遠くなる。

誰かがちょっと高級な食事に誘ってくれ、おごってくれたとする。そのとき、素直に、

「ありがとう。おいしかった」

と感謝するのではなく、

「あいつ、おれが貧乏だと思って、『代金は自分が払うから』なんて言いやがった。いずれ、他人に吹聴してまわる気なんだ。『貧乏で高級な食事ができないかわいそう

な奴におごってやったよ』と、自慢気にな」というふうに受け取る。これが当たっていなかったら、とんでもないことだろう。心構えとして、不備・不足・不満の方向からのみ見るのではなく、すべてを感謝の方向で見ていくと、世界は違って見えるだろう。物理的な欠陥はしかたないが、世の中にくすぶる不満のタネは、案外、自分が蒔いていることも多い。

　菜根譚は、現に存在する欠陥に目をつぶれと言うのではない。自分から欠陥をつくり出したり、欠陥を見いだしたりする方向でのみ物事を見るなということだ。

33 どんなときでも手を抜かない

▼小さなことにも、水が滲(にじ)み出たり漏(も)れたりするようなミスをせず、誰も見ていないような所でも自分をあざむくことをせず、どうにもならなくなっても、荒れたり手を抜いたりしない。こうであってはじめて一人の本物の英雄である。

英雄と言うと、体力や武力の行使にすぐれ、力で人を制圧するイメージがある。そして、そこからさらに、己(おのれ)の野望の実現に向けて、グイグイと人を引っぱってゆく感じがある。

でも、ここで言われていることは、それとは違う。注意深く、小さなミスをしない。

たとえば、『易経(えききょう)』の繋辞(けいじ)伝に、こんな言葉が見える。

「小人は、小善を以て益無しと為して、為さず。小悪を以て傷無しと為して、去らず」

これは孔子の言葉で、小人は、小さな善なんか、やってみたって利益がないと考えて、やらない。その逆に、小さな悪は傷にはならぬと考えて取り除こうとしない、ということ。

ここまで打算的でなくても、「小さなことだから……」と、安易にすませたがるのが人間だろう。

一日十円の損は、たいしたことがなさそうだが、十年たてば三万六千五百円以上の損害になる。

小さいことだからと考えて、適当にするようでは一事が万事、人生でその人物はたいした成果をあげることはなさそうだ。

穴のあいた浴槽に水を張ろうとするようなものだ。小さいことだからこそ慎まねばならない。

あとの二つはその関連である。自分をあざむかず、逆境にも荒れない、怠けない。

ここで菜根譚が指摘していることは、きちんと物事に対する心がけを忘れるなということ。どんな場合にも、誠心誠意、自己をコントロールせよ、ということだ。

これができて、はじめて英雄と言える。

しかし、これは、武力を鍛え、圧倒的な力で支配力をふるうことよりも、むずかしいかもしれない。

なぜなら、一時的な力の爆発的な発揮ではなく、人生ある限り続けねばならない努力だから。

34 知ったかぶりをしない、虚勢を張らない

▼徳は度量の大きさに比例する。度量は見識によって培われる。だから、徳を厚くしようと思うなら度量を広げ、度量を広げようと思うなら見識を高大にせよ。

歴史家は、才・学・識の三つにすぐれている必要があるという（『唐書』劉知幾伝）。

でも、普通に生きてゆく場合、やはり一番の基本は、徳であろう。

その徳も、狭いものであってはならないこと、『論語』にこう言っている（子張篇）。

「徳の執りて弘からず、道を信じて篤からず。焉んぞ能く有りと為し、焉んぞ能く亡しと為さん」

と。徳だと言いながら狭く、道をとことん信じてもいないようなら、いてもいなくても同じようなものだ、ということである。

菜根譚はここで、徳→量→識、徳←量←識の両方向をあげ、三者の関連を説いている。

さらにもう少し考えてみると、「識」を育てるものは、何であろうか。

学、つまり学問（勉学）であろう。となると、最初に紹介した歴史家の「才・学・識」とダブってくる。

見識を磨くために、うんと学問をする。その中で、本当に身につけるべきものとそうでないものを区別する能力としての「才」も、重要であろう。

度量だって、何でもいいから受けいれてしまえ、ですむものではあるまい。

ただし、「徳」まで辿りつくと、清も濁もすべてを抱きかかえてしまえるような感じがする。

そのへんについては、『韓非子』にこう言っている。

「徳とは、身に得ることなり」

と（解老篇）。

徳は得、という音による解釈であるけれども、単なる耳学問や、大物ぶって太っ腹な姿勢を示してみせることではなく、しっかりと自分の身についたものでなくてはならないと言うのである。

心がけ、あるいは自分の基本方針について反省の機を与えてくれる言葉だろう。

35 人間も満ちれば欠ける

▼財産や地位が限度まで盈(み)ち満(み)ちた人は、水があふれようとして、かろうじてとどまっているようなものだ。あと一滴を加えても、あふれてしまうから、それ以上望んではいけない。

この一節は比喩(ひゆ)であって、物理的現実ではない。あふれそうになったギリギリの水

に、一滴を加えても、こぼれる量は多くない。一滴加えたら、ザーッと全部がこぼれてしまうことはない。

古く『易経』の乾の卦に、

「亢竜、悔有り。盈つれば、久しかるべからず」

と見える。天に昇りつめてしまった竜は、後悔している。それ以上の上はなく、下るばかりだからだ。おみくじの「大吉」のようなものか。今が一番良くて、あとは下り坂。

それと同じように、盈ちてしまうと、その状態は長続きしない。これは、古代からの生活実感で、満ちれば欠けてゆく月。満ちては引く潮もそうだ。満月だけが、満ち潮だけが、永遠に続いたりはしない。

同じように人間の絶頂も、そのまま長続きはしない。

もちろん、職人仕事や芸術のように、六十歳過ぎで最高傑作を生むこともあろう。

でも、それは、その六十代が絶頂期であり、大器晩成ということだ。

さて、『易経』によれば、竜は悔いるというが、人間はいかがか。

どこまでいったら止まるべきか、誰が教えてくれるだろう。仮に教えてくれる人が

いたとしても、

「まだ大丈夫だろう」

「この仕事を終えてから」

などと、未練も残るものだろう。

月の満ち欠け、潮の満ち引きであれば予測もつくだろうが、こういうタイミングの見きわめはむずかしい。

なぜなら、世間あるいは歴史を見わたすと、絶頂期の長い人もいれば、一発屋もいる。自分はそのどちらなのか——と考えると、誰でも長いほうであると思いたいから。

36 自分より恵まれない人を見よ

▼うまくいかないことがあったら、自分より恵まれない境遇の人を考えよ。怨みつらみが消えようから。心が怠けすさんだら、自分よりすぐれた人を考えよ。おのずと精神が奮いたつはずだ。

最近の教育では、誰か不幸な人を引き合いに出し、「あの人に比べたら、自分は幸せだ」と思うのは良くないと言われるらしい。

たしかに、「あいつと比べたら、自分は成績も上だし、行動もまじめだ」と考えることは、油断・怠慢を誘い、自分がたいした存在ではないのに、他人を見下すイヤらしい視点を持ってしまうかもしれない。

が、菜根譚はここで、「下の人を見よ」と言っている。後半部分の「上の人を見て、精神を奮いたたせよ」というのには問題がなさそうだが、この「下の人を見よ」は、どういうつもりなのだろう。

もちろん、誰かを見下し、「あいつよりマシだから、おれは大丈夫さ」と思えなどということを勧めているのではない。

世の中には、恵まれない人がいる。才能があっても、家の経済力のために、その才能に気づき、花開かせることができないまま、人生を終える人もいる。

決して金銭的に儲かることのない職種を、黙々と、ひたむきに歩んでいる人がいる。

菜根譚が言いたいのは、そういう人の気高さを、人生の崇高さを見てみよ、ということだ。

それに比べたら、自分は何というつまらぬことで腹を立て、不満を感じ、愚痴を言っているのか。それも、そういう人より多くの収入を得ながら。

そこに気がつけば、怨みつらみは、消えるであろう。

もちろん、理不尽なことが行なわれ、自分が正当である場合にも下の人を見て……と言っているわけではない。

吉川英治は、人から色紙を求められると、

「吾以外、みな吾が師」

と書いた。

ここの菜根譚とも通じる、いい言葉だと思う。

37 忙しいときほど冷静な判断を下す

▼冷静な観点から熱狂を視ると、熱にうかされて走りまわることのムダがわかる。ごちゃごちゃした所から閑な場所に入ると、物がたいしてないことの味わいこそ、最も永遠であることがわかる。

菜根譚は別に、情熱的にグイグイと物事を進めることを否定しているわけではない。

ただ、情熱の奔流は、時として他者をかえりみない独走を生み、さらに自己の熱狂への陶酔を生む。

そうなると、その独走についてこられない者を置き去りにし、場合によってはバカにし、見下すことさえ起きうる。

これでは、独走を通りこして、暴走である。

その結果、カラまわりをして浮きあがり、成果もあがらない。結局、何をやったのかわからない。

さらに、熱狂しているときは、興奮状態であるから、これの次はあれ、それが終わったらあれ、と目まぐるしく回転したがる。

何か、あわただしく忙しくしていないと、充実を感じることができないために、かえってイライラするような感じになっていたりする。

そういうときは、「ひと息ついて落ちつく」なんてとんでもない、時間のムダだ、と思っているから、立ち止まることもしようとしない。

でも、そういうときだからこそ、今、自分が「最も意味がないと感じていることの価値」に気づくべきだ――菜根譚はそう言っているのだ。

冷静などきなら、

「自分のやろうとしていることは正しいのか？」

と考えることができるのに、熱狂して走っているときには、善悪の判断がおろそかになりがちである。

感情も少し削ぎ落としたほうがいいということだろう。冷静に熱狂できたら、一番良いということであろうか。

38 身のまわりの「自然」に気づく

▼心の動きが止まったときに、ふと月がのぼっていることに気づき、風がやさしく吹きよせてくるのを感じる。こんなとき、人の世が苦悩の海だけではないのを感じる。

「機」という文字がある。何かのキッカケであったり、またそのキッカケによって心

が動き出すことを表わす文字である。

もちろん、いいほうへの動きもあれば、悪いほうへの動きもある。が、静かな夜に、そうした念が動かなくなる瞬間がある。ふっと、「無心」になれる瞬間が。

昼間にあったイヤなこと、誰かへのいらだちなどを忘れる瞬間。心は解放される。そこに月があり、風がある——というのだから、季節も冬ではないのだろう。

そして、無心になれたとき、

「人間世界も決して捨てたものじゃないな」

という感じの、不思議な幸福感。

このへんの呼吸となると、古今東西を問わないのかもしれない。

この一節を読んだとき、まっさきに浮かぶのが、『徒然草』第二十一段である。

「よろずのことは、月見るにこそ慰むものなれ。……月花はさらなり、風のみこそ人に心は付くめれ……」

とある。

「よろずのこと」というのだから、あらゆるイヤなことも、月を見ることで慰められる。現代風に言えば、月による癒しである。

　そして、月や花が人の心を慰めてくれるのは当然。風もスーッと吹きよせ、人の心にピタッと寄りそってくれる。まるで、風にも心があって、そうしてくれるかのようだ。

　人は、自然に比べたら、あまりにちっぽけな存在だが、自然は、厳しい反面、こんなふうに、人を包みこんでもくれる。

　そうやって、自然と一体になれたとき、生きている意味とありがたさが身にしみる。

39　失意の中に芽ぶきがある

▼草や木の葉がハラリと落ちるときも、その根元を見ると、新たな芽ぶきがあって次にひかえている。

つい私たちは、O・ヘンリーの『最後のひと葉』のような感傷的な気分で、秋の落葉を見たりしがちだが、植物はまた次の年には新たな芽ぶきのときを迎える。

菜根譚は、葉の落ちた根元（葉の付け根の部分）に、次の新芽がひかえていることに注目している。細かい観察眼に思えるけれども、日本には、菜根譚より二百年以上前に、これに注目していた人がいる。

本書のあちこちに登場している兼好法師、『徒然草』の著者である。その第百五十五段に言う。

「木の葉の落つるも、まず落ちて芽ぐむにはあらず。下より萌しつわるに堪えずして、落つるなり」

と。「つわる」とは、下から突きあげること。妊娠中の「つわり」と関係のある言葉である。

次の芽の突きあげによって葉は落ちる——兼好法師も、落葉樹の葉の付け根を見たことがあったのだろう。

兼好法師も菜根譚も、四季の変化を同じような感覚でとらえている。春から夏の変化も、ある日突然切り換わるのではなく、春に夏が含まれつつ、夏になる。冬に春の気が徐々に増して春になるのと同様である。

人生、山あり谷あり。浮き沈みがある。落葉の時期があっても、そのあとには必ず芽ぶきのときが来る。それが、自然というものだ。

うまくいかないことがあって、落葉ならぬ落胆することがあっても、自分自身に、次の芽ぶきのエネルギーがあることを見落としてはなるまい。ましてや、みずからそれを否定してしまっては、あまりにもったいない。

落葉樹も人間も、けっこうタフにできているものなのだから。

40 高い所に登れば「より高い所」が見える

▼高い所に登ると、人の心が広大になる。滔々(とうとう)たる大河のそばに立てば、人の意識が高遠になる。

この一節は対句で、それぞれ場合分けしているのではなく、高い所、広い視野に立つことで、人の心の作用も豊かで遠大なものになることを表わしている。

狭い所で、せせこましく生きていると、ついつい感覚が小さくなる。さらに、ヘタをすると、それでいい気になってしまい、井の中の蛙のようになる。

大所高所に立って、という表現があるけれど、たしかに高い所に登って見おろしてみることは大切だろう。

松本清張の『高校殺人事件』にも、

「渦に巻きこまれている状態では、渦の大きさがわからない」

というような比喩があった。

一段高い所から、全体を見まわしてみると、平地にいたときには見えなかったいろいろなことが、よくわかる。

また、高低の位置関係でなく、平面的な広がりも重要で、短い物指(ものさし)だけで、大きな世界は測りがたい。

滔々と流れる大河を前にしたときのような、時間の目盛をも含む大きな視野で、ものを考える必要がある。

さらに、この一節は、違った読みかたができるかもしれない。

修練をかさねて、より高い境地に達すると、その分、より広大な視野を手に入れることができる。大河にのぞむような位置に立てるようになると、より遠くまで見すえることができる、と。

これを続けて考えていくと、高い所に登ってみて、はじめて、「より高い所」が存在することに気づくという道筋がありそうだ。「一生勉強」が、当然の結論になるだろう。

第三章

人とのかかわりかたで世渡りはうまくいく！

41 「お先にどうぞ」が結局早い

▼狭い小道では、一歩止まって人を先に行かせ、おいしい食べ物は、食いつくさずに三割ぐらい残して、人に幸せを分ける。これが世渡りを上手にこなす方法だ。

以前、狭い日本を、そんなに急いでどこへ行くつもりなのかというキャッチフレー

ズがあった。

もう少し、ゆったりと構えてもいいじゃないかということだろう。

でも、狭い日本であるからこそ、急げばそれだけ早く着くという考えかたもありそうだ。

営業して何かの注文をとろうとするような場合は、先手必勝。いちはやくそこへ行った者のほうが有利である。

しかし、世の中それがすべてではない。信号機のない交差点に、かまわず多くの車がなだれこんだりしたら、ひどい混乱が起きるだろう。

向こうの車に譲ってやろうと、バックしようにも、自分のすぐうしろに車がピッタリくっつき、そのまたうしろにも……という状態では、収拾がつくまでに、どれほどの時間がかかるか。

いちどきに集中するのではなく、最初の段階から譲り合っていたら、スムーズに流れる。

人生にもそういう局面がある。譲ったほうが円滑になる局面が。

もちろん、この一節は、『論語』雍也（ようや）篇の孔子の言葉、

「仁者（じんしゃ）は、己（おのれ）立たんと欲して人を立て、己達（おのれたつ）せんと欲して人を達す」
につながっている。

何でも我先にと動くことで、衝突や渋滞を起こしては、かえって非効率的だ。

宋の洪邁（こうまい）（一一二三－一二〇二）の『夷堅志（いけんし）』に、妖魔にあやつられた二人の男が、井戸の手前まで来たところで、

「どうぞ、お先に」

「いえ、あなたから」

と譲り合っていたおかげで、かろうじて救援が間に合ったという話があるのを、ふと思い出す。

42 人間関係は「忍」と「不忍」

▼他人の過ちは許すのがいいけれども、自分の過ちは許してはならない。自分の苦しみは耐え忍ぶべきだが、他人の苦しみは見すごしてはならない。

心がけとして、よく言われていることであろう。人間はどうしても自分に甘いから、過ちを犯しても、自分を責めないで、ごまかしたりしがちである。

それと反対に、他人の過ちには、容赦なく譴責を行なって怪しまず、さらにあとあとまで記憶にのこして、たびたび引き出したりする。

でも、そういう生きかたをする人は、結局、好かれることがない。組織の中に、トゲトゲしい不調和をもたらすだけで、益がない。

しかし、である。世の中には、いろいろな人がいる。ただでさえ厳格な人は、目いっぱい他人にやさしくしたつもりでも、まだ当たりがキツいだろう。

逆に、甘い人は、とことん自分に厳しくしたつもりでも、まだまだ甘いだろう。

心がけを表わす言葉としては、わかりやすい言葉かもしれないが、基本のところに、「克己復礼（己に克ちて礼に復る。『論語』顔淵篇）」がないといけないようだ。

これは、顔淵が孔子に、「仁」について質問したときの答えの一部である。

ところで、仁とは何か。歴代いろいろな説明が試みられているが、その中で最も感心するのが、加藤常賢説である。その説に曰く、

「仁とは忍である。自分については、耐えしのぶ精神的能力。それと同時に、もうひとつの方向がある。他人に対しては、不忍。その不幸・苦しみを見るに忍びない、見すごすことのできない心である」と（『中国古代文化の研究』所収「仁の語源について」。ただし、言葉通りの引用ではない）。

菜根譚のこの一節の後半とも見事にかさなり合う卓説である。

加藤氏と菜根譚の関係は定かではないが、菜根譚が常に双方向から物事を見ようとしていることは確かである。

43 名誉はみんなで勝ち取ったもの

▼どこからも文句のつけようのない名誉と節義（せつぎ）があったとする。それを自分一人だけで獲得（かくとく）したのだと主張してはならない。少しずつ関係する者に評判を分け与え、害から遠ざかり、身を全うすべきである。

たとえば、スポーツの世界で、世界新記録を樹立した上で金メダルに輝く。名誉なことであり、かっこいいことである。

でも、よく考えてみると、それはその選手だけが栄光を独占できるわけでもなさそうだ。

監督やコーチの指導や助言がなかったら、結果は変わっているのではないだろうか。

高地トレーニングの費用を負担してくれるスポンサー企業や多くの支援者がなかったら、新記録は出せたであろうか。

シューズやウェアのメーカーだって、重要な役割を果たしているだろう。

——そう考えてくると、名誉はみんなで勝ち取ったものだ。それを忘れて、自分一人が偉かったかのように思っては、まずかろう。

本の世界もそうで、執筆者、編集者、印刷所、デザイナーなどのチームプレーの上に成り立っている。
○○賞というような文学賞をとりはしたものの、すぐ消えてしまう人の何割かは、自分の才能が評価されたことにのみ比重を置いて喜びすぎ、謙虚さを忘れた結果であるかもしれない。
そして、長年、古本の世界に身を置いていると、こんなことを考えるようになる。

掘り出し物が古書店の目録に載っている。みんなほしがっているから、当然、申しこみが殺到し抽せんになる。で、誰かに当たり、その人以外は、ハズレ。

くやしい気がするが、古書店店頭で掘り出し物を見つけた場合は、「やった!!」とばかりに喜んで買う。でも、自分がそれを買ったことで、ほかの人は、もう買えなくなっているわけである。

喜びすぎてはまずいのかな。何十年も探している人だっているはずだ。

菜根譚の言うようには、一冊の古本は他人に分けられない。でも、そういう意識で、その古本を大切に勉強することはできる。

44 人を責めない。心に働きかける

▼他人の悪いところを攻めるにあたっては、あまり厳しくしすぎてはいけない。相手が受けとめられる範囲を考えて攻める必要がある。

教育にかかわる立場にあると、この一節には深く考えさせられる。どうしても学生・生徒を叱らなければならない場面がある。

どのくらいの強さでのぞむべきか。学生のひたむきさ、がまん強さ、みな一人ひとり違っている。

さりとて、「人それぞれで違うから、それぞれに違った叱りかたをして、適切な叱りかたとしよう」と考えれば、いいか。

話はそんなに簡単ではない。たとえば、宿題を忘れたことを叱るとする。相手によって叱りかたを変えると、今度は、

「先生は、おれが宿題を忘れたときには、大声でキツく叱ったけど、あいつにはそれほど強く叱らないんだな」

というような問題が発生する。これを、どうする？

たしかにはたから見ていると、スパルタ教育を通りこして、罵声を浴びせ、相手を追いつめ、それを快感に思っているのではないかというような場面にぶつかることもある。

そこに見えるのは、相手を否定することでしかなく、せいぜい「根性をつけてやった」と主張するのが関の山といった感じである。

罵（ののし）られる側は萎縮（いしゅく）するしかなく、あとに何も生み出さないかのようである。

叱る側への尊敬の念が残っているうちはいいけれども、やがて、あきらめ、ふてくされ、努力を放棄する。これでは、しかたない。

でも、その相手に最も適正な叱りかたは？

結局、うわっつらの叱責ではなく、相手の内実に対して、どう言いきかせるかであろう。

『書経』の泰誓篇・下に、

「悪を除くには、本を務む」

という言葉が見えている。

要は、相手の悪の根本に働きかけよということで、ムダな力みは、威厳のカラまわりということだろう。

45 小人物には君子の度量で接する

▼小人物に対して、厳しく接することは難しいことではないが、憎悪するなと言われると、とたんに難しくなる。

「接する」とは、接待・応待することである。

どこの世界にも小人物はいるもので、他人が小人物に悩まされている場合にも、深い同情を禁じえない。

席についてパソコン画面に向かっていても、実は仕事をしておらず、ネットサーフインをして遊んでいる。

まじめな社員がシワ寄せを食らい、フォローのために残業することになっても、全く気にしない。

さらに悪いことに、たまに仕事をすれば、ミスだらけ。しかも、それを知らん顔して定時退社したりする。

こういう手合いは、厳しく叱りつけなければ、どうにもならない。いや、厳しく叱ろうがやさしく諭そうが、やはり、どうにもならない。

「先輩が教えてくれなかったんです」

などと平気で居直る（実は、質問してもいないのだが）。

このような小人物を憎悪するなと言われても、無理な注文のような気がする。

憎悪しないで、小人物をのびのびさせておくなんて許せない。菜根譚は一体、どうしろと言うのだろう。

「罪を憎んで人を憎まず」

などという言葉もあるが、存在自体が組織にとっての邪魔であり、むしろいないほうが、仕事が円滑に進み、組織の繁栄・儲けにつながりそうではないか。

こういうとき、菜根譚が「性善説」に立っていることがわかる。『易経』の解の卦に、

「君子は以て過ちを赦し、罪を宥す」

とある。

小人物でなく生きようと思ったら、君子の大度量が必要になるのだ。でも、それはそれで大きなストレスじゃないかと、現代人は思うはずだ。

46 見返りを求めない

▼誰かに恩を施す場合、世間体を考えないでできれば、わずかの恵みも大きな施しになるだろう。

恩を施す場合、「自分は恩を施してやっているのだ」というような意識は邪念であろう。

恩とは、無償の、報いを求めない行為であってこそ美しい。いつまでも、「お前、あのとき助けてやった恩を忘れてはいないだろうな」と、ネチネチやられてはたまらない。

また、「あの人は偉いな。あれだけの施しをしたよ。寄付を行なったよ」とたたえてほしい念があるのも、外聞を欲しているわけだから、まずい。

『三国志』の時代の終わりごろ、晋に羊祜という人がいた。味方ばかりでなく、敵からも尊敬された、立派な人格者であった。

羊祜は誰かを官職に推薦してやる場合、自分が書いた推薦状を返却してもらい、それを焼き捨てた。

だから、羊祜の推薦で官職を得た者は、羊祜が推薦してくれたおかげであったということがわからないのであった。

いや、多少は推測がついたかもしれないが、羊祜は自分が推薦した人々を集めて「派閥」をつくることを嫌ったのである。

まさに、この一節が理想とするような生きかたであった。

ところが、政治の現場はシビアなもので、羊祜がいくらいい提案を行なっても、派閥という「数の力」がないために、ほとんど会議で否決されてしまうのであった。

陰に隠れた、他人に知られないことに真の施しの意義があると言っても、現実との調和は、かくもむずかしいのである。

47「おかげさまで」の気持ちを忘れない

▼人生には、うまくいく場合もあり、うまくいかない場合もある。仮にうまくいっていたとしても、自分だけの力でうまくいっているわけではない。

人生には、「遇」もあれば「不遇」もある。

「自分は不遇だ」と言っていると、何となく「実力はあるのに評価されないのは残念だ」と自分で訴えているような響きがある。

世の中を見わたしてみると、結局のところ、成功するのは、そうした自称不遇人よりも、黙々と努力をかさねた人であるほうが多そうに見える。

そして、成功したあとの様子を見てみると、黙々と努力していた人があいかわらず謙虚な姿勢で仕事をしていくのに対し、自称不遇人ほど、ふんぞりかえるように見えてならない。

「この人は、自分が評価されることを喜ぶよりも、ふんぞりかえることを喜びとしているのではないか」

と思えるほどに。

前に別の節でも見たように、人間は、目に見える・見えない多くの人に支えられているものである。

成功したとたんに、自分一人ですべてを成しとげたような態度に変わってしまう人を、世間は好まない。

やがて、世間が支持しなくなると、またもや不遇人に逆もどりである。

おそらく、ふんぞりかえった瞬間に、地道な努力を忘れてしまうのだろうが、はじめから長続きできるほどの努力をしていなかったのかもしれない。

でも、本当の問題は、

「自分はうまくいくはずなのに、みんなが正しく評価してくれず、邪魔をしているのだ」

というような恨(うら)みの意識のほうであろう。

この意識の延長にあるのは、

「今に見ていろ」

という態度で、見事なまでに、ふんぞりかえりたがっているわけだ。

48 「うまくやろう」とすると自分を見失う

▼人を喜ばせるために、自分の意志を曲げるくらいなら、自分をまっすぐに保って、人から悪く言われるほうがいい。

自分のしたことを、人が喜んでくれたらうれしい——というような、ふんわりとした話ではない。

人生においては、しばしば妥協を余儀なくされる。まあ、ここは一歩譲っておこう――こういう話ともちょっと違う。

「ウケねらい」という言葉がある。こうすればウケるだろう。こういう本を書けば売れるだろう、と当てこむ行為である。

「迎合」という言葉もある。相手の気持ちを推しはかり、それに合わせて対応し、うまくやろうというものである。

ここで考えてみると、妥協→ウケねらい→迎合と進むにつれ、こちらは自分の意志あるいは信念というものから離れていく傾向が強まる感じがある。

相手のことを推しはかり、相手をあやつるかのようでありながら、こちらは自分から遠ざかっていくという、不思議な構図である。

本来の自分は何を目指していたのか。いつのまにか、見失われるとすれば、問題は大きい。

それと、もうひとつ、こんなことも考えられる。『論語』学而篇の、

「巧言令色、鮮し仁」

言葉巧みに表情をつくっている人間には、真心が少ない、これを今、自分がやっていることになるのではないか。

そんなことになるくらいなら、嫌われたっていい。いや、嫌われてやろうじゃないか。自分の魂をそんなに簡単に売りわたしてたまるものか。

一種の職人気質にも似た意識で、菜根譚のこの一節を読むことができそうだ。もちろん、自分が正しい場合である。

しかし、接待ゴルフなのに、わざと負けるのはイヤだ、と相手を打ち負かしてしまっていいのかというような場合もあろう。が、だいぶこちらは気楽な話だろう。

49 つき合う相手を選ぶ

▼じっと黙ったままで何も言わない人物には、且く（とりあえず）心を開いて打ちとけないほうがいい。自分のみを正しいとして、一歩も譲らぬ構えの人には、話しかけないほうがいい。

この一節は、かなり用心ぶかい態度を勧めるものである。

「口が重い」「無駄口をたたかない」というのであれば、『論語』子路篇に言う、「剛毅木訥は仁に近し」で、やるときはやるが、素朴で口べタな人は仁に近い存在であるかもしれない。が、世の中には、ひたすら沈黙を守り、じっと観察しているというタイプの人がいる。

菜根譚は、べらべらしゃべらないからといって、剛毅木（朴）訥であることには、直結しないと言うのだ。

なるほど、もしその人物が「沈黙の観察者」であった場合、うかつにこちらの本音を明かしてしまうと、あとでどのようなことになるか、わからない。

菜根譚はつまり、そういう人物に「陰険」を見いだすのであろう。

一見すると、おとなしく、でも正体が知れない。注意しておくに越したことはない。

もし、その人物が、朴訥ないい人であることがわかったら、安心して心を開けばいい。

そういう人物は全員が陰険だからなどと決めつけているわけではない。その証拠に、「且く」という文字が入っている。

とりあえず、当面は用心しておくのがいいということだ。

他者を寄せつけない雰囲気の人にも、要注意である。そういう人にとっては、自己の見解こそ真理以外の何ものでもないという狭量さがある。

だから、話しかけないに越したことはない。

黙ったまま何も表現しない人も、ムラムラとした情念に支配された人も、注意した上で、つき合わなければならない。現代的には、思わせぶりな駆け引きの人も加えたい気がする。

50 表の顔には必ず「裏」がある

▼他人に害を与えようとする心は、持ってはならない。他人からの害を防ぐ気持ちは、なくてはならない。

当然の話であろう。誰かをひどい目にあわせてやろう、陥れてやろう、イジメてやろうというような心をかかえて生きているなんて、実に醜いし、そんなことのために自分の人生があるとしたら、これほど空しいこともあるまい。

でも、自分が「いい人」であっても、ほかの人すべてが「いい人」であるとは限らないのが世の中である。

自分では気づかぬうちに、誰かの嫉妬、反感、嫌悪を買っているかもしれない。そこから、こちらに「害」を与えてやろうという言動が生じてくるかもしれない。

そして、そういう手合いは、その「害」を確実に衝撃的なものとするために、表面上は、にこやかに接してくるかもしれない。

――となると、なかなかそれを察し、見抜き、防備をするのはむずかしいかもしれない。

清少納言が『枕草子』の中で、こんなことを言っている。

「悪しと人に言はるる人。さるは（それでも、の意）、良しと知られたる人よりは、裏なくぞ見ゆる」（「うちとくまじきもの」）。

あの人はどうもね、と悪評の立っている人は、うかつに打ちとけてはならないが、それでも、あの人は良い人だとして知られている人よりは、裏表がなく見えたりする。だから余計に危険だ。

清少納言も、なかなか人間観察の上手な人で、『枕草子』のはしばしに、こんな観察力を披露してくれている。

表があれば、裏があると知れ。これは、表面上は華やかな王朝貴族社会での話だが、やはり、どこにも「裏」はある。

油断をしてはまずい。しかし、構えすぎても円満にいかない。八方美人のようでいて、実は見抜いている。

王朝貴族も菜根譚も、人生の心得としては、同じことを言っていると見ていいだろう。

51
少数意見にも耳を傾ける

▼みんなが疑うからといって、誰かが一人だけ正解を述べているのをつぶしてはいけない。自分の気持ちのみを優先して、他人の発言を全否定してはいけない。

多数決だけが真実を得る道ではない。みんなが口をそろえて疑問を呈し、非難する

ような意見であっても、そちらのほうが結局正しかったということは、往々にしてある。

そのためであろう。『荘子』天地篇には、こんなふうに言われている。本物の徳をそなえている人は、

「冥々に視、無声に聴く。冥々の中に、独り暁を見、無声の中に、独り和を聞く」

と。

まっくら闇の中に、一人だけ暁の光を見いだしているし、何の音もない状態にありながら、和音を耳にキャッチしているわけで、まさに、ほかの人間が見ること聞くことはおろか、予感することさえできない状態で、それをはっきりつかんでいる。

でも、普通の人間には、それが理解できないから、疑われ、非難され、多数決になれば、見事なまでに圧倒的に否決されてしまう。

私たちは、つい自分が多数派に属していると、それだけで安心し、それ以上の追求をやめてしまう傾向にありはしないだろうか。

「とりあえず多数派に従っておけば、それが間違いであった場合でも、責任は分散してくれるだろう」

などと思っていたりしないだろうか。

しかし、責任は、人数で割れば軽くなってくれるものなのであろうか。

菜根譚は、そのあたりを警告してくれているのだろう。

そして後半は、人間にとって、己の見識には、意地がともなう。自分の人生で得た経験知は、その人物にとっては絶対の真実と認定されやすい。

が、そこにしがみついて、他人の意見を封殺しようとするのは、まずい。人間はちっぽけなもので、自分の人生ですべての真実を知りうるはずはないのだから。

52 トラブルは、うまくいったあとにやってくる

▼人とは苦労を共にすることはできるが、安楽を共にすることはできない。

人間には、いろいろな患難（かんなん）がつきまとうが、それを克服して先に進めれば、患難の日々も、なつかしい思い出となる。

たった一人で克服できる患難であれば、比較的問題にはならないかもしれない。

でも、実際は、その組織の部局あるいは全体の力で克服しなければならないようなことも多い。

そして、そういう場合に、「患難を共にする」ことになる。共通の課題に対し、話し合い、知恵を出し合い、労力を負担し合って、解決を目指す。

仲間意識も強くなる。

だが、問題なのは、その先であると菜根譚は指摘する。協力して課題を解決したあと、安楽な時間がおとずれる。

すると、そのとたんに、各人の思わくの違いが露呈する。気を抜かないでさらに先を目指そうと言う者、この課題はひとまず終わったのだから、別のものに取り組むべきだと主張する者、さまざまだろう。

もし儲けが生じていたら、均等割でいいのか。特に多く働いた者が多くとるべきか。

これらの問題も浮上する。

歴史上には、こんな例がある。越王勾践対呉王夫差の対決は、最終的に勾践の勝利に終わる。

そのとき、勾践のブレーン范蠡は、仲間の大夫種に手紙を送った。

「越王勾践は、頸が長く、烏の喙のような口をしている。彼とは『与に患を同じゅうすべきも、与に安きに居ること難し』だ。おぬしも、早いうちに逃げ出すがいいぞ」と（『史記』越王勾践世家）。

敵を倒すまでは、いろいろな細かい不一致は大目に見てもらえるが、倒してしまったあとになると、そうはいかない。

いつの時代にも変わらぬ人間関係の機微であろう。

53 「信じる」ことを忘れない

▼人を信じるがいい。他人が必ずしも全員誠意の人でなかったとしても、少なくとも自分一人は誠意の人であるのだから。

教員稼業は、学生・生徒を信じることの上に成り立つものである。たとえば、「宿題をやってきていないはずだから」というような前提に立って、その日の講義・授業をするわけにはいかない。

自発的・自主的に学生が勉強をするものと信じ、教壇に立つ。

その前提は、しばしば裏切られるけれども、「信じる」ことを忘れることは許されない。

しかし、実態はと言うと、

「裏切られても、裏切られても、信じるのだ」

と、みずからに言いきかせている日もけっこうある。

菜根譚が言うように、世の中全員が誠意の人ではない。でも、教員という立場は、信じることが前提である。

ならば、教員は（建て前としては）全員が誠意の人ということになるのだろうか。妙に皮肉な領域に足を踏み入れてしまいそうなので、ここで追求はやめておく。

『荀子』の非十二子篇に、次のような表現がある。

「信を信ずるは、信なり。疑いを疑うも、また信なり」

と。ちょっと変わった表現だが、信ずべきものを信じるのが信。一方、疑わしいことを疑わしいと認識して斥けるのも、信ずべきものは何であるかを決める道である。だから、信の道である。

『荀子』のように弁別の道でのぞむのも、ひとつの方向であるが、菜根譚はおおまかに、中には誠実でないものが混じっていようと、ひっくるめて信じてしまうのが信である、と言う。

人間の大半は誠実。つまり、性善説に傾いた認識である。孟子の立場に近い。

弁別を訴える荀子は、性悪説で有名である。さりげなく、こんなところで両説の対立が浮かびあがってくる。

54 恩は少しずつ篤く施す

▼人に恩を施すなら、あっさりとしたところから始め、あとにいくほど濃密にすべきである。最初に濃密にして、あとであっさりすると、人はそれが恩恵であると感じなくなる。

かなりきわどい発言である。「私は恩を施してやっているんだ。忘れるんじゃないぞ」と言いながら恩を施しては、本当の恩恵にはなるまい。

その行為は、無償の行為ではなく、人気取り、あるいは世間の評判を得て、自分の人生を有利にはこぼうとするものである。

だから、菜根譚も、しばしばそれを否定していたはずである。

ところで、この一節には後半がある。

「人に威厳を示すときは、厳しいところから始めて、徐々に寛くしてゆくべきである。はじめに寛くしておいて、あとから厳しくすると、人は酷いと理解する」

と。

私たちの生活感覚からすると、最初厳しくて、あとで寛やかにしては、相手にナメられるかもしれないという気もする。

「あいつ、最初は威勢が良かったけど、すぐにビビリに変わったぜ」

などと言われてしまうかもしれない。

さて、「恩」の場合は、

「最初は行きとどいていたけれど、あとになるほど雑になったな」

では、たしかに困る。

でも、相手に恩恵を恩恵だと意識させよと言うのは、やはり少し違う気がする。

——そう考えてくると、菜根譚は、庶民の知恵としても通じるものを多く持ってはいるけれども、やはり、「人々の上に立つ人」を忘れてはいないようだ。そして、そういう立場の人にとっての実用的な知恵として、この一節を読むことができるだろう。

南宋の朱子（しゅし）が編集した『宋名臣言行録（そうめいしんげんこうろく）』に見える張詠（ちょうえい）の言葉、「寛（かん）にして畏（おそ）れられ、厳（げん）にして愛（あい）せらる」のほうが、実用性というより、その思想性において深いように思われる。

55 人を動かすのは誠意と勇気

▼人をあざむいてばかりの嘘つき人間は、誠の心で感動させ、乱暴でねじけた人間は、おだやかな気分で包みこんでやるのがいい。

嘘つき人間をいい方向に導くには、誠の心で感動させよ、と言う。

本当に感動してくれるかは定かでないかもしれないし、一度や二度の感動で、行動をすっかり改めてくれるかも、わからないだろう。

さらに、行動を改めてくれたとしても、そのまま維持されず、再び嘘つきにもどってしまうかもしれない。

でも、誠の心で働きかけよ、と言う。この自信がありそうな口ぶりの根底には、『孟子』離婁篇・上の次の言葉があるように見える。

「至誠にして動かざる者は、未だ之有らざるなり」

この孟子による、強い自信に満ちた言葉が、菜根譚にも影響を及ぼしているだろう。

後半は、乱暴でねじけた相手の場合。こちらには誠の心で対せよと言っていないかのようだが、やはり、誠の心があった上でのおだやかな気分のことである。

こちらも、乱暴でねじけた相手は、おだやかに包もうとしても、拒否してくるかもしれないし、暴力に訴えられたら怖い気もする。

そして、おだやかな路線でのぞむと、バカにして言うことを聞かないのではないかという心配もありそうだ。

この場合には、『論語』憲問篇の、

「仁者は必ず勇有り」

を思い出す。不動の真心を持っているのが真の仁者であるとすれば、必ずそれを基盤とした勇気があるわけである。

そうした自信こそが、信念となってその人を支え、先ほどの『孟子』の言葉のような、強い表現となって表われるのである。

やさしいだけでは仁者ではないし、人を感化する力も弱いのだ。

56 ねたむな、思いあがるな

▼自分の長所をひけらかして、他人の短所をあばき、恥をかかせてはいけない。自分のヘタなことを、他人がうまくやってのけるのを見て、くやしまぎれの悪口をたたいてはいけない。

「上には上が」という言葉の通り、自分ではそうとうできると自負していても、「井の中の蛙」の喩え（たとえ）の通り、さしあたって自分の周辺を見まわして安心しているだけかもしれない。

地元で高得点をとっている人物が、全国模試での自分の順位に愕然（がくぜん）とすることもあるだろう。

院生時代、ある恩師がしみじみ語られたことがある。

「自分は田舎の学校で、いつも一番だった。しかし、大学で東京に出てきてみると、優秀な先輩、同輩がゴロゴロしていて、自分の成績は下位だった。そこで、考えなおした。そういう優秀な人が一回で何かを成しとげるなら、自分は十回で成しとげよう。優秀な人の十倍努力するくらいが、ちょうどいいんだ——そう思って、コツコツ型に切りかえたのだよ」

その恩師こそ、『江戸時代の詩風詩論』で日本学士院賞・恩賜賞を受賞された松下忠先生であった。

松下先生は、ここの菜根譚の後半部分の見事な実例として、大きな成果をあげられたわけである。菜根譚に触発されたというよりは、御自身のとらえかた、考えかたであったとすべきことだろうが。

前半は逆。ついつい自慢気に自分の能力をひけらかし、自分よりそのことがヘタな人をさげすむ。そうやって精神的バランスを（かろうじて）保っている人もいる。

大事なのは、ひけらかし、さげすみ……それが一種の驕りに通じる危険をはらんでいることである。

「お前、ダメだなあ」

「ヘタだな。見ていられないよ」

と、恥をかかせるようなことをやって、何が得られるのか。

その相手が、努力をかさねて、こちらを追いぬいたときにどうなるか。ウサギとカメの話のウサギのように、眠っていたら追いぬかれることへの戒めにもなるだろう。

57 どんなときにも冷静さを失わない

▼冷めた眼で他人を観察し、冷めた耳で他人の言葉を聞き、冷めた感情で他人の感動に相対し、冷めた心で道理を考える。

「冷めた眼」などと訳したが、他者を突きはなしているのではなく、あくまでも冷静さを保つことである。

森鷗外の「妄想」（一九一一年）に、

「冷眼に哲学や文学の上の動揺を見てゐる」とあったりするように、日本の感覚としては、どこか客観的を通りこして、さげすみの感じを受けるが、違うようだ（もっとも、クールな人は、他人から「冷たい」「人を見下している」と評されるものであろうが）。

ここはつまり、「ひいき目」というような言葉が示すような、判断の狂いを生じてはいけない。それを防いで正確な把握をもたらすのは「冷静さ」だということである。誰かの言葉を聞くときも、冷静さがないと、相手の勢いに呑まれたりして、やはり正確さを失ってしまう。

誰かの感動に接する場合も同様で、いっしょになって興奮してしまってはいけない。興奮を共有する喜びはあるが、本当はもっと大事なものがあるかもしれない。ただ、感動の場合は、クールに接すると、相手にとっては面白くないかもしれない。いっしょに跳びはねたり、抱き合ったりしないと、自分だけ跳びはねているのをバカにされていると感じるかもしれない。

おしまいの、ものの道理を考えるときは、冷静なほうがいいに決まっている感じだ。中国は古来、表現がオーバーであった。身をよじり、泣き叫び、悲しみを表現したりする。むしろ、そうしないと不人情であるかのように受け取られかねない。

でも、日本人の場合、ワンワン泣き叫ぶ表現も良いが、じっと黙って耐えていて、ふと気がつくと、足元に涙がポタリとひとしずく——こういうのにグッとくる人が多いのではなかろうか。

となると、この一節は、日本人向きであるかもしれない。

58 部下の人格を尊重する

▼人を用いる場合は、ギリギリとした厳しい態度でのぞんではならない。あまりに厳しいと、手柄を立てようという功利心から集まってきた者さえも立ち去ってしまうであろう。

この一節は、使う側と使われる側という、明らかな上下関係がある場合の発言である。

「刻」は、深刻と考えても意味は通りそうだが、むしろ「酷」に置き換えたほうがわかりやすいかもしれない。

自分が賃金を払う側であるからといって、あまりに厳しい要求の達成を望むのは、無茶であろう。

会社などの創業期には、社員一同、苦難を乗り越え、開発にあたり、不眠不休で働いたりするが、そういう場合でも経営者だけは休んでいて、ついでに口を出すというのでは、うまくいかない。

どこかに、

「君にまかせる。好きなようにやってみたまえ」

のような余裕がないと、使われる側も不満におちいるのである。

「人生、意気に感ず」

というのも、無関係ではあるまい。

実は、菜根譚のほかの章と同様に、この一節も時代をさかのぼっていくと、『論語』に行きつく。

弟子の子張に問われた孔子が、「仁」について説明する。その中に、

「寛なれば則ち衆を得」

と見えている。「寛」であれば、おおぜいの人の支持を得られる、と。

孔子はここで、「寛」のほかに、恭・信・敏・恵の四つをあげ、仁は五つの要素があると言っている。

『論語』の場合は、上に立って人々を治める側と治められる側の話であるが、菜根譚のここにも通じる。

人を使うということは、金を払っているのだからと高圧的にのぞんではまずい。使われる側も、支払われる賃金で自分の魂のすべてを売りわたしているわけではないのだから。

第四章
自分を知れば元気が出る！

59 考えはわかりやすく伝え、才気は隠す

▼人々の上に立って人々を引っぱっていく役割の人は、澄みわたった青い空、白く輝く太陽のように、人々にわかりやすいものでなければならない。

「君子」という言葉は、意味の広いもので、立派な才能と徳をそなえた人格者を指すこともあれば、ここの一節のように、人々の上に立って政治を推し進める役割の人を言うこともある。

上に立つ人には、心がけなければならないことがある。原文の「心事」というのは、心のありよう、心の持ちようということである。

君子の心は、下で支える人々から見て、わかりやすいものでなくてはならない。上

に立つ人が何を考えているか、わからなければ、下にいる人々は不安で落ちつかない。自分たちのことを、どう思い、どう感じながら政治をはこんでいこうとしているのか、見えにくいと不安なのである。

だから、「あけっぴろげ」と言ってしまっては語弊があるが、国民をいつくしむ心があるのであれば、すぐそれが見えるようでありたい。

そうであれば、国民も支持し、協力を惜しむまい。

そして、理想を言えば、国民全員に君子の心を理解されたら最高である。

この一節の後半は、

「君子の才華（きらびやかな才能）は、宝石や真珠のように奥にしまいこんで、人々にはわかりにくくしておくべきである」

という論旨が展開する。

たしかに、私たちの日常においても、心根の善良な人は好かれるが、才気走ってギラギラした人が上に立って命令を始めたりすると、少なからぬ反発を感じる。

能あるタカが爪を隠すように、いざという場合までは、才能をひけらかさないほうがいいだろう。

才気ばかりを強調されると、国民は、その才気がどう使われるかについて、不安を感じずにはいられないものであるから。

60　一人の静かな時間を持つ

▼深夜、人が寝静まった時間に、一人、座って自分の心を観るがいい。そのとき自分自身の本質が見えるだろうから。

ここの「一人、座って」の部分は、「座禅」であろうとも解されている。

単に自分一人で心を澄まし、自分の心の真の姿を見いだす。たしかに、座禅的である。

でも、深夜という条件がある。ただでさえ、座禅は——早朝に行なわれることが多いであろうか——眠気をもよおしやすい。禅寺での修行であれば、禅僧の警策が鍛えてくれもしようが、たった一人で自室で座禅するのは、よりむずかしいことであるように思える。

ここでの深夜の条件は、もう少し日常生活的でありそうだ。

私たちは、かなりあわただしく、雑用の多い日々を過ごしている。

仕事があり、家族があり、冠婚葬祭があり、人とのつき合いがあり……と考えてみると、プライベートな時間はどのくらいとれるのだろう。

もう少し大げさに言ってしまうと、私たちが、あくまでも自分の意志のみに従って生きられる時間は、どのくらいあるのだろうか、ということである。

常に何かとかかわっている。つまり、「自分だけ」ではない。相手への気づかい、周囲への気くばり。これをお互いにやりながら、日々を生きている。

あらためて考えなおしてみると、自分の心の本質はどこにあるのかなんて、考えている時間がないのかもしれない。

だから、適当なところで、生きてゆく。とことん追求してみたところで、何かがつかめるとは決まっていないのだが、やはり、一人静かに心を澄ます時間は大事だろう。少なくとも、追いまくられてあせりはするが、確認もしていないという中途半端な状態より、楽になるのではないだろうか。

61 仕事はむさぼらず、ほどほどに

▼万事、むさぼりつくさずに余裕を持つように心がければ、万物の造り主も私を嫌うことができず、鬼神の類も私を損なうことはできない。

季節の山菜やキノコを採りに山に入る。その収穫にあたっては、すべてを採りつくしてしまうことを避けるのが常識である。

松茸を見つけたと大喜びして、根こそぎ採りつくすと、次の年、その場所には何も生えない。資源保護の観点からも、そういうかたちでの自然との共生は大事である。

――と、わかっていても、なかなか人間の欲望にはブレーキがかからない。自分を戒め、自己を律する心構えが不可欠である。

でも、実際はどうだろう。たとえば仕事が次々に舞いこむ。ありがたい。うれしい。どんどん引き受け、全部を独占的にやってしまいたくなる。

が、体力の問題もあるし、仕事以外の用事に時間をとられ、結局、無理をかさねてデスクワークの人なら腰を痛めてしまうケースも多い。

芸人という生きかただと、どうだろう。売れているうちに、少しでも多く稼ぎたいと思うのも、しかたないことかもしれない。限度まで、あるいはそれ以上に仕事を入れてしまうことも多いようだ。

仕事をセーブして、むさぼらないようにしようと思っても、どこまでが許され、どこからが「むさぼり」になるのか、簡単に見当がつくことではなさそうに思われる。

人間が「自分なりに懸命になっているとき」ほど、その見きわめはむずかしくなるのではないか。

『易』の豊(ほう)の卦(か)に、

「日(ひ)、中(ちゅう)すれば則(すなわ)ち昃(かたむ)く。月(つき)、盈(み)つれば則(すなわ)ち食(しょく)す」

とある。そういう自然のありさまを見るとき、人間だけがとことんむさぼり、かかえこみつづけようとする姿には、無理がありそうだ。

62 欲に振りまわされない

▼一直線で欲に向かう道路がある。そういう路（みち）には、何かそこがよさそうに思えても、絶対に指を染めてはならない。一度でも指を染めてしまうと、抜け出せない深みに入りこんでしまうから。

欲望に向かって一直線の道路があるかどうかは定かでないが、私たちの生きている

世界は、刺激に満ち満ちている。

そして、その刺激の先には、欲望の大穴がぽっかりと口をあけて私たちを待っている。

ある商品のCMだったら、ふと興味を引かれ、使ってみたくなったり、食べてみたくなったり、痩せてみたく思ったりして、消費を行なうだけですむかもしれない。

でも、それが儲け話だったりしたら、一歩踏みこんだ瞬間、えらいことになってしまっていたりする。

さらに、自分を磨くための投資、ステップアップのために良さそうな「勧め」であったりすると、とたんに話がむずかしくなる。

向上心とは、上昇志向とは、上にのぼりたいという欲望ではないのか。向上心と欲望の境目は、どこにあるのだろうか。

今、自分は向上心で何かをしようとしているのか。それとも、それは、人より上に立って……という野心なのか。

菜根譚は警告する。そういう方面に手を染めてはならない。深みにはまってしまうから、と。

しかし、すべての人が深みにはまると決まっているわけではない。警戒するあまり、消極的になりすぎてもいけないだろう。

『春秋左氏伝』の僖公二十年の条に、

「欲を以て人に従わしむれば、則ち可なり。人を以て欲に従わしむれば、済すこと鮮し」という言葉がある。

古い注によれば、自分のやりたいことを抑えて他人を立てるのはいいが、逆をやってはダメだという言葉である、と。

でも、欲を人間が制御できているうちはいい。欲に人間が振りまわされるようになってしまうと、物事が成しとげられることは、めったにない、と読んでみたくなる言葉である。

63 片手間では大きな仕事はできない

▼学問をしようという者は、気を散らさず、精神を集中して、ただひと筋に全力で打ちこむ必要がある。

中国の古典で「学者（学ぶ者）」と言ったら、たとえば孔子の弟子たちのように、学問をすることで教養を身につけ、己を高め、人の上に立つ実力を獲得しようと励む者のことである。

でも、この一節の場合、そこまで限定せずに読むほうがよさそうだ。

学問をする人を含め、何かの作業をしている手工業者（職人）、そのほかあらゆる道の人に通じるだろう。ひたむきな修練は、どんな分野の人にも不可欠であるはずだ。

『徒然草』に、こんな記事があるのを思い出す。

「一事を必ずなさんと思わば、他の事の破るるをも、いたむべからず。人の嘲りをも恥ずべからず。万事に換えずしては、一の大事成るべからず」(第百八十八段)。

ひとつのことを絶対に成しとげようと思ったら、ほかのすべてをダメにしても、人からどう嘲られても、気にしてはならない。他のすべてのことと引き換えにしなくては、大きなことは、完成できない。

小さなことだったら、何か別のことをしながらでも、何とかなる場合もあろうが、大きなことには、ごまかしがきかない。

歴史好き、読書好きの文系の人が、一念発起、血を吐くような努力を傾注して一級建築士になった例を知っている。

私自身も、『三國志人物事典』(講談社)を著すのに、五年間の月日がかかってしまった。余暇はすべて、この本に力をそそぐような日々を経て、完成した。今から振りかえれば、いい思い出である。そして、思う。あれは若かったから、できたのだ。今から作業をスタートしたら、絶対に五年では完成できないだろう、と。

菜根譚の言い分には、一心不乱の集中にも、若さやタイミングの問題があるよということを含んでいるような気がしてならない。

64　名声より内面の充実を優先する

▼人は、名声や位(くらい)を得ることの楽しみは知っているが、名も無く位も無いことの楽しさこそ最高の真実であることを知らない。

京都の俵屋(たわらや)旅館は、

「部屋は、何もないのが最も美しい」

というポリシーから、テレビは戸袋(とぶくろ)に収納され、客が観たいと思えば、引き出すことになっている。

何もないというのは、ゼロを意味しているわけではなく、あるのである。

ただ、その内実をひけらかすことがないので、あたかも何もないかのように見えるというわけなのだ。

能あるタカが、爪ばかりでなく、もてなしの真心(まごころ)を隠しているようなものである。

菜根譚はこの一節も、名声や位を得たらダメだと全面否定しているのではなく、もっと上の境地があるよと言っているのである。

『荘子』の逍遥遊(しょうようゆう)篇に、

「至人(しじん)は己(おのれ)無し。神人(しんじん)は功(こう)無し。聖人(せいじん)は名(な)無し」

とある。至人・神人・聖人は、いずれも人間としての窮極のレベルまで到達し、もはや神の領域にも足を踏みこんだ人を指す言葉で、三者に上下はない。

これによると、その境地に到った人は、自分なんてものも、功績などというものも、名声さえも、持たない超越者である。

菜根譚は、名声や位も求めて、きゅうきゅうとしつつ生きることより、内実の充実のほうが人生で優先するべきだと言う。つまり、それなくして、何が名声か。そんなものは空虚なものでしかないではないかということである。

一方、『孝経』によれば、

「身を立て道を行ない、名を後世に掲げて、以て父母の名を顕わすは、孝の終わりなり」と言う。

菜根譚は、どちらの立場であるかというと、当然、前者『荘子』の側である。実際問題、本物の名声が得られる確率を考えると、その「本物の名声」を求めてきゅうきゅうとするより、まず、内実を高めるのが先だ、という結論になるようだ。

65 大胆に、細心に

▼気象（心構え）は高遠で曠大であるべきだが、疎狂（おおまかで度はずれたもの）であってはならない。ものを考えるときは緻密であるべきだが、細かすぎてはいけない。

「気象」の二字は、今の日本では「気性」と書くほうがわかりやすいだろう。訳せば、心構えとか気概ということで、人間の根本である。

「疎狂」にも、注意が必要である。「疎」のほうは、「密」の反対で、「空疎」などという言葉もあるから、大ざっぱすぎて手応えがないことと想像がつくが、「狂」は、くるっているという意味ではない。

『論語』に、「狂者」と「狷者」という語が見える（子路篇）。

狂者は前へ前へという意欲が強すぎて空回りしてしまう人。狷者は、ひどく引っこみ思案で、でもその分、悪いこともしないというタイプの人のことである。

さて、菜根譚はあいかわらず、「ひとつの傾向」を提示し、でもそれがゆきすぎてはいけないというブレーキをかけるような対句をたたみかけてくる。

大風呂敷を広げてもいいが、「一放一収（広げたら、締めくくれ）」という言葉のように、何かを包んでみせなければいけない。

何の収穫もないのでは、大ボラ吹きに終わるだけだ。直径十キロメートルの大網を投じたはよいが、網の目が疎すぎて何も獲れなかったようなものだ。

一方、思考は緻密でないとまずかろうことは、菜根譚に言われなくても、わかっていることだ。実生活の中で、読みが浅かったり、自分に都合の良い「勝手読み」だったりしては、失敗する。

つまり、この一節の対句は、気象（心がけ）は大きく、でも思考の場合の緻密さも忘れないように。思考は緻密に、でも気象の場合の大きさを忘れぬように、という関係になっている。

現代風に言いなおすと、

「大胆に細心であれ」

という感じになりそうである。

66 美徳もゆきすぎれば嫌味になる

▼清廉潔白を貫いても、広く人も物も受け容れる。やさしい心を持ちつつも決断ができる。ものがよく見えても、見えすぎにはならない。

白河の清きに魚も住みかねて
　もとの濁りの田沼ぞ恋ひしき

かの有名な落首である。賄賂政治と言われた田沼意次から、松平定信（白河楽翁）の清廉な政治になったあと、あまりに世の中が窮屈になったことを揶揄した歌である。

もちろん、賄賂政治にもどれと訴えているのではなく、ひとつのことが取り締まられるようになると、「これもいけない」「あれもいけない」「これもいけなくなったのだろうな」と、のびのびとした空気まで失われる。

今に喩えれば、セクハラが厳しく取り締まられ、咎められるようになったのはよいが、この空気だと、職場で、

「髪型変えたんだね。かわいいじゃない」

と声をかけることもセクハラに扱われそうで、言葉を呑みこむ——という感じだろうか。

清流にすむイワナ、アユ。泳ぐ姿を見ても心が洗われるようだが、「清流」といっても濁りがゼロではない。濁りゼロの純水の中で生きられっこない。

眺める人間の目には、濁りがなく見えても、そこにプランクトンなどがいるから、彼らは生きていけるのだ。

そんなことを菜根譚の著者、洪自誠は考えていなかったろうが、何かひとつの美徳も、ゆきすぎれば逆に問題となるということは確かだろう。

清流が、目には見えない濁りをかかえこみつつ清流であるように、人間もそうあり

たいものだ。

心やさしき仁者にも決断があり、ものが見えても、決してノイズまですべてを拾って見てしまわない。

菜根譚のこの一節は、現代の科学的知識によりながら読み味わったほうが、いっそうイメージがわかりやすくなりそうである。

67 忙しいときこそきちんと仕事をする

▼暇な時間を、適当に過ごさぬようにすれば、忙しいときに役立つことがあるものだ。

全く個人的なことだが、私は二十歳のとき、ふと、こんなことを考えた。

「人生八十年。自分が仮に八十歳まで生きるとしても、今まで生きてきた時間が、あと三回あるだけなのか」

人生って、何て短いものなのだろう。そして、さらにこう思った。

「この調子では、何もしなくても、人生ってアッと言う間に終わってしまうのだろうな」

そもそも、一年たつのは早いものなわけだから、それの積みかさねも早くて当たり前なのだが、普段はそんなことを考えないで生きている。

一般的に言われることだけれど、若いうちは金がない。でも、時間はある。その「時間があるとき」に何をしたかで、その後の人生は、だいぶ違ったものになるのだろう。

しかし、そうした時期には、案外、適当に過ごしてしまうか、時間をどうやってつぶせばいいのか見当がついていなかったりするもののようだ。

あとになったら、どんなものと引き換えにしてもほしくてたまらなくなる「時間」を、空費してしまいがちだ。

バーナード・ショウは言った。

「若さっていうものは、若い奴らには、もったいない」

時間の使いかたがわかってくるころには、生活に追いまくられるようになってしまっていて、時間のなさ、足りなさを嘆く。人生とは皮肉にできている。

時間をゆるがせにせず、己を磨けれ(みが)ば、あとで違う。が、菜根譚のこの一節、逆にも読めないだろうか。

忙しいとき、適当にしないで、なすべき仕事を手を抜かずきちんとやれば、時間に余裕ができたときに役に立つ。暇なときに見つめる人生の風景が違うはずだ、と。

68 自分の中に宇宙の法則が存在する

▼わが身はひとつの小さな天地（てんち）である。喜怒（きど）も正当で、好き嫌いにも原則が通っているようにすれば、無理のないやわらかな道理で自身を貫（つらぬ）ける。

自己を律すると言うと、何かの目標や理念で自分を縛りつけるかのような印象があるが、菜根譚はそういう要求をしているわけではない。自然な、無理のない、やわらかな感じで、自分が天地と一体となっているような境地が望ましいと言っている。

なぜなら、天地の間で生きている我々も、小さな天地そのものであるからだ。

これは陰陽（いんよう）の考えかたである。天は「陽」。たとえば、雷鳴をとどろかせ、ザーッと雨をたたきつける活動的な存在だ。

一方、地は「陰」。その雨を受けとめ、自分の中に静かに吸いこんでしまう。

そして、人間は、陰と陽の調和によって生まれる。陰（母＝女性）と陽（父＝男性）が調和しなければ、子は生まれない。

つまり、人間は生まれながらにして、天地（陰陽）の調和をそなえたものとして、この世に存在している。

だから、天地そのものである面を持っている。したがって、天地を貫く法則は我々一人ひとりをも貫いている。

――このように考えているのである。我々は天地と同じなのだから、天地と同じように、きちんとしていなければならない。

喜ぶときも、喜ぶべきものを喜び、怒るときも、怒るべきものを怒る。これぞ天地と一体化した生きかたである。そのことが自覚されたとき、自分の外に存在していると思っていた宇宙の法則が、我々一人ひとりの中に内在していることが自覚される。

何となく、禅の悟りにも似た境地だが、禅とは無関係であっても――座禅などをしなくても――体得できるものであるはずだ。

自分の感情の揺れを感じたら、問うてみるのがいいかもしれない。天地が誰かを好き嫌いするか、と。天地は喜ぶとき、怒るときに、分けへだてをするか、と。すべて包容しているではないか、と。

69 才気を見せすぎると警戒される

▼本当は巧(たく)みなのだが、拙(つたな)いような衣(ころも)で包んでおき、晦(くら)い人間のようでいて明察(めいさつ)。一見濁(にご)っているような所に清らかさをひそませ、ぐっと抑えつけられていても(屈(くつ)を以(もつ)て)、のびのびとしている(伸(しん)と為(な)す)ようでありたい。

一見しただけで『老子』の影響の深さが知られる。

巧(こう)と拙(せつ)、晦(かい)と明(めい)、清(せい)と濁(だく)、屈(くつ)と伸(しん)は反対語の関係にある。

しかし、老子はそういう対立する概念の向こう側に（あるいは奥底に）あるものを見つめる。

巧みは、さらに巧なる者から見れば「拙」でしかない。上には上があり、下には下がある。だから、「拙」に見えるものも、もっと拙なる者から見れば、「巧」に見える。もし、巧と拙の絶対基準があれば、きちんと判定できるだろうが、あいにく我々が生きている世界は、見比べながら、「こっちのほうが上だ」と言うのが、せいぜいのところである。

だから、巧は同時に拙である。上から見るか下から見るかの違いでしかない。『老子』第四十五章には、

「大成は欠くるが若し」「大盈は空しきが若し」「大直は屈の若し」「大巧は拙の若し」

といった言葉が連なっている。

菜根譚は、そこから一歩進め、巧であってもそれを売りものとせず、能あるタカとして爪を隠しておけと勧めている。

キラキラと才能をアピールすると、支持し期待してくれる人もいるが、敵も多くなる。

ものが見えすぎると、他人は警戒してしまう。

清廉潔白ぶりだけでは、世の人々を広く包容することはできない。

それでは、うまくいかないとするのが、菜根譚の一貫した主張である。万人をおそれいらせるだけの才能を持っていても、嫉妬される。

処世術としては、むしろ内向きの充実を心がけ、「わかる人には、わかる」ような感じが望ましいのだろう。

そして、「やるときは、やる」ことを見せれば、そのときの「評価」が本物ということだ。

70 怒りのエネルギーを飛躍のバネにする

▼人の嘘に気づいても、言葉に出さない。人から侮辱されても、表情を動かさない。この中に深い人生の意味があり、また深い効用がある。

春秋時代、斉の桓公（在位、前六八五－前六四三）を天下の覇者の地位に押しあげた名宰相管仲は、若いころ貧乏で、友人の鮑叔と商売をした。

貧乏なものだから管仲は、売りあげの分配のとき、いつもごまかして多く割け前をとったのだが、鮑叔は何も言わなかった。

出世したあと管仲は、そのような対応をしてくれた鮑叔が、さらに自分を桓公に推薦してくれた恩を振りかえり、

「私を生んでくれたのは父母だが、私を本当にわかっていてくれるのは、鮑叔である」と言った（『史記』管晏（かんあん）列伝）。

菜根譚がここで、「人の嘘に気づいても、言葉に出さない」と言っているのは、今の管仲と鮑叔のような場合の話である。

誰かが、ある者の嘘にだまされ、金をまきあげられようとしているのを見ながら、何も言わずに黙って見すごせというわけではない。

また、能あるタカが爪を隠している状態だと、まだ実績がないことに変わりはないわけだから、人からバカにされることも当然ある。

そういうときに、いちいちハラを立ててはいけない。ぐっと抑えておけ、と言う。これはまことに、ごもっともである。

そこでケンカをしてみても、こちらにまだ実績がないことに変わりはない。殴（なぐ）り合ったあと、仮（かり）にこちらが勝利したとしても、それは「実績」とは別のものである。あいかわらず、真の評価は、実績をあげたあとでしか得られない。

特に若いうちは、知力あり、体力あり、でもまだ実績がないから、がまんしなければならないことが多い。ケンカに使うエネルギーと時間とを、自分の充実にまわしたほうが、飛躍のときは早く来ることが多い。

そこに無限の意味がある。無限と強調してみせているところに、著者、洪自誠の若者への愛情を感じる。

71 他人の失敗を咎(とが)めない

▼人の短所は、できるだけ取りつくろってやるのがいい。暴(あば)きたてて騒いだりしたら、至らぬ所のある自分が、他人の至らぬ所を攻めて喜んでいるにすぎないことになってしまう。

他人の至らぬ点を見いだしては、

「ダメだな」

と言いたがる人がいる。さらに、

「こうやって直せ」

と指示してくれるならまだしも、

「どこがダメなのか、自分で分析して書き出し、努力目標をつくって、提出しろ」

などという言いかたをする人がいる。

それはそれで、自己責任をはっきりさせる方法であると主張されるかもしれないが、菜根譚の立場はそうではない。

「何度もそうやって部下に失敗をくりかえさせ、そのたびにフォローもアドバイスもせず、叱責するだけの上司」では、組織がうまくいかないと言うのだ。

なるほど、そういう上司では、その部下の送別会のときだけ、にこやかに送り出してみせても、意味はなさそうだ。

明（みん）の時代に、謝肇淛（しゃちょうせい）の『五雑組（ござつそ）』という本がある。菜根譚と近い時代の成立であるが、こんな話が載っている。

石曼卿（せきまんけい）（九九四―一〇四一）という大臣がいた。大酒飲みで詩も上手だったので、唐の大詩人李白（七〇一―七六二）になぞらえて「酒仙」と呼ばれた。

この石曼卿がある日、従者をともない、馬に乗って外出した。ところが、馬子が手綱の操作を誤り、石曼卿は馬から振り落とされてしまった。

従者はあわてて石曼卿を扶け起こし、再び馬に乗せた。すると、石曼卿はおもむろに言った。

「私の名字が『石』でよかった。『瓦』だったら割れていたところだ」

石曼卿が馬子を咎めなかったこと、言うまでもない。咄嗟に笑いに転換して場面を取りつくろった手腕はたいしたものである。

さて、我々は石曼卿とさっきの上司とどちらが好きで、どちらのために働くだろうか。

72「いま」何をすべきかを考える

▼何もすることがないときには、心はぼんやりとして暗くなりやすい。そういうときには、明るい理知でみずからを照らすべきだ。

不思議なもので、忙しい忙しいと追いまくられているときには、休みたい。休んで体も心もリフレッシュしたいと思う。

ところが、いざ休みになってみると、何をしたらいいのか、迷ってしまったりする。どこかに外出しようか。それとも、ひたすら睡眠をとろうか。たまっているＤＶＤでも観ようか……などと思っているうちにも、時間は過ぎてゆく。

学生たちにレポートを課するときもそうで、「題は自由」と言うと、「何を書いたらいいか、わかりません」

と質問が飛んできたりする。

人は、日頃あれほど自由を欲しているくせに、いざ自由が与えられると、もてあましてしまうものなのかもしれない。その自由を、どう使ったらいいのか、わからなくなってしまう性質があるらしく見える。

だから、ここで菜根譚が指摘しているように、ただぼんやりとしているうちに、いつのまにか時間が過ぎていってしまう。それでは、何のための休みであり、自由であるのか、わからない。

こうなってくると、

「人は、ある程度管理されつつ、それに反発を感じながら仕事をしているときが一番楽であり、能率的なのではないか」

というような意見が出てきても、おかしくなさそうである。

ここで大事なのが、理知である。たしかに、そこで感情を働かせ、とりあえず好き嫌いで行動を決めるより、理知を働かせて、冷静に、今の自分にとって何が一番必要であり、何をすることが一番有効・有意義であるのかを考えるのは、大切なことだろう。

しかし、一般的な感覚では、忙しいときには暇を欲し、暇になってしまうと忙しく働いていたときをなつかしがるように思い出すものだろう。理知も感情も、みずから使いこなすのは、むずかしいものだ。

73 清いだけでは身をあやまる

▼我が身をあまりに清潔に保ちすぎてはいけない。あらゆる汚れ、恥辱(ちじょく)をも受けいれられるようでないといけない。

世の中には、いろいろな人がいる。上に立つ者としては、それらすべてを包容しなくてはならないから、この一節のような表現になる。

善人だけは受けいれるが、悪人はすべて追放する——こんなことができれば別だが、その線引きに誰が責任を持てるであろうか。

ちょっと悪いことはしたが、完全に立ち直って立派な業績を残す人もいるし、逆に、善人だった者が、ふと悪事に手を染めるかもしれない。そういう場合は、どうすればいいのか。上に立って、人々を導いていく立場はむずかしい。

紀元前三世紀、楚の国に屈原という忠臣がいた。彼は廉潔きわまりない人物で、そのため多くの政治家の中で孤立し、最後は汨羅の淵に身を投げて死んでしまった。

その屈原について、「彼は知恵者か？」と問われた前漢の楊雄（前五三－後一八）は、こう答えている。

「玉の如く瑩（美玉の意）の如くならば、爰に丹青（色彩の意）を変へん。如んぞ其れ智ならんや。如んぞ其れ智ならんや」（『法言』吾子篇）

屈原が美しい玉のような資質を持っていたなら、光のあたる角度などによって、色合いを変えることもできたであろう。でも、屈原はそれができないで自殺してしまった。どうして知恵者だと言えよう。どうして知恵者だと言えよう。

おしまいのくりかえしの部分が重要で、楊雄は屈原の生きかたを否定しているのではない。惜しんでいるのだ。

もちろん、菜根譚も同様の立場で、廉潔を貫いた人生を否定しない。

でも、屈原のような決着のつけかたをしてしまうと、結局、「善人がまた一人減ってしまった」という結果しか残らない。そのことを、世界のために惜しむのである。

74 組織は人それぞれ

▼人と接するときには、あまりに白黒をハッキリ分けてしまってはいけない。あらゆる善悪賢愚(ぜんあくけんぐ)も、包容(ほうよう)できるようであれ。

前項「73」から続く言葉。

十人十色、生まれも育ちも違う者が寄りあつまっていろいろな組織を形成している。少人数の集団でも、ともすると「虫の好かない奴」がいたり、ペースが合わない同僚がいたりするものである。

しかし、組織として動いていく以上、好き嫌い、合う合わないをハッキリさせ、

「あんたとは仕事をしない」

と言うわけにも、いかない。

現実問題、何とか辛抱できるものなら辛抱して、やっていく。よほど、どうにもならない不調和なら、組織の上司のほうで配慮すべき問題だろう（実際は、その上司が嫌いという場合も往々にしてあるわけだが）。

また、人間関係がこじれにこじれた場合でも、仲の悪い呉の人と越の人が、船が転覆せんとしたときには、助け合う「呉越同舟」が起きることもある。冷静に考えると、いがみ合う部下をかかえた上司にしてみれば、彼こそがさまざまな思わくや性格の部下たちを「包容」しなければならない立場である。

できれば、不調和をならし、調和に持っていけたら――そこで上司の手腕が問われるわけである。

現代の組織でもむずかしい問題であり、歴史的に見ても、むずかしい。

『三国志』の登場人物、張飛は、部下に厳しく当たり、鞭で打ちすえることが多かったが、そうした者たちを平気で身辺に置きつづけた。劉備が心配し、「危険だぞ」と注意した。その心配が適中し、張飛は部下によって殺されてしまった（『蜀志』張飛伝）。

張飛にしてみれば、菜根譚のこの一節に言うような、「善悪賢愚を包容」しているつもりだったのである。それが裏目に出てしまった。人は己の生きかたの確認のために、歴史を振りかえる。が、振りかえることで、かえって悩ましくなることも多い。

75 晩年は自分らしく締めくくる

▼人生の末路（まつろ）にさしかかったら、君子はそれまで以上に、精神を奮（ふる）いたたせねばならない。

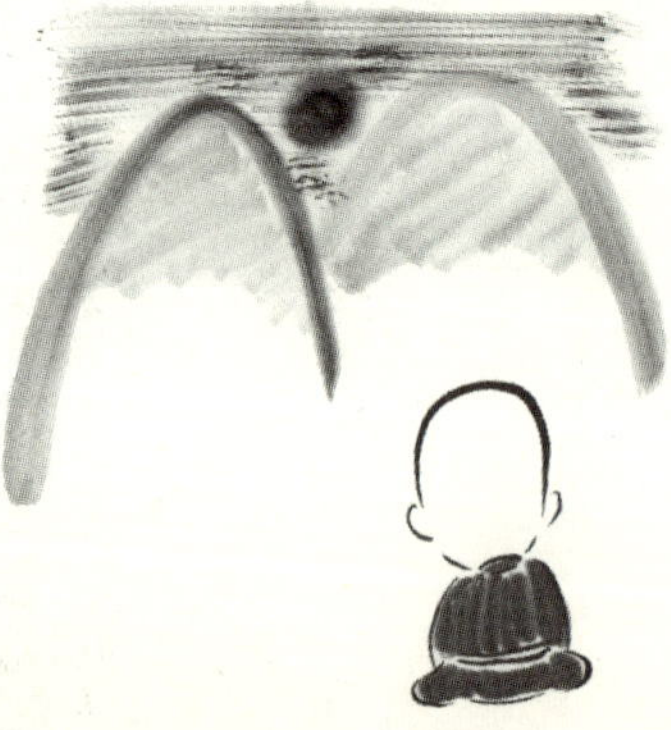

この言葉の前に、「日は暮れても、なお夕焼けの絢爛（けんらん）たる輝きは西の空に残ってい

る。一年の暮れにも、橙や橘がいい香りを放っている」という、日常的にわかりやすい喩えが展開している。

年齢をかさねてくると、あちこちに故障が出てきて、それだけでイヤになる。若いころには何でもなくできたことが、できなくなってくる。

加齢の悲哀である。これを感じるようになると、「自分は終わりなのか」と、ガックリくる。そして、昔、華やかであったことを回想して思い出にふけり、また「現実」にもどって力を失う。あとは惰性で坂を下ってゆくのみ。

菜根譚は、それではいけないと言う。自分の人生に責任を持つのは自分である。最後を自分らしく締めくくれ。そのために百倍の気力を奮いたたせよ。

『三国志』の立て役者の一人、魏の曹操に「歩出夏門行（歩いて夏門を出ずるの行。別名、碣石篇）」という作品がある。その一節に、

「老驥　櫪に伏するも
　志は千里に在り」

と見える。「驥」は一日に千里の道を走る名馬のこと。「櫪」は、馬小屋の意。

千里の馬も今や年老い、馬小屋に横たわっているが、それでもその心は、あいかわ

らず千里を疾走する気でいる、という意味である。

曹操はこれによって、賢者が不遇にも、年寄るまで用いられないことを喩えているのだが、期せずして菜根譚とも響き合っている。

人生の最終的結論が出てしまうまでは、中途半端なところで放り出してはいけない。——と読んでくると、教訓臭がプンプンするような感じだが、実はこのことは、

「一生勉強です」

と言いかえてもいいものであろう。

76 「当たり前」が一番大切なのだ

▼病気になってから健康が宝物であったことに気づくように、世の中が乱れてしまったあとで平和のありがたさがわかる。それでは遅い。

最近、街の本屋さん、自転車屋さんなどが減っているようだ。

ついこのあいだまで営業していたのに、気づくと更地（さらち）になってしまっている。寂しいものだ。

あるのが当たり前の「街の風景」であったのに。

「あの自転車屋さんには、何回もパンクを直してもらったっけ」

という感傷もあるが、現実問題として、次にパンクしたら、どこで直してもらえばいいのだろうか。

人の生きかたも、そうであるかもしれない。「それが当たり前」と思っていると、大切にしないで、いいかげんに扱ってしまう。

自分自身の健康もそうだ。つい深酒をし、お決まりの二日酔い。そのときは反省するが、また……。

回復できればよいけれども、いったん病気になってしまうと、健康のありがたみが身にしみる。

「当たり前」が失われたとき、「当たり前」が、かけがえのないものであったことに気づく。人生の中で、何度これをくりかえせばいいのだろう。

菜根譚は「蚤知に非ざるなり」（それでは遅い）と言う。「蚤知」とは、早い段階で予見することである。そして、これはつまり、「当たり前」という漠然とした安心感に身をゆだねてしまうのではなく、物事の本当の価値を見ぬくことである。

よく、

「夫婦を長くやっていると、お互い空気のようなものになる」

と言ったりするが、空気がなかったら死んでしまうという比喩で受けとめられることはない。

でも、失われてから慟哭するなら、絶対にその手を放してはいけないという関係もあるのではないだろうか。

77 相手が誰であろうとひるまない

▼立派な人間は苦難のときには憂いに取りつかれないが、宴会や遊びのときには、心がゆるまぬよう気をつかう。権力者や豪族を怖れはしないが、一人ぼっちの子どもや身寄りのない年寄りには、強く心を動かす。

ここでも菜根譚は、逆方向に真理を見いだそうとしている。
苦難にあうと、どうなるか心配になるものだが、バタバタしないというのは、孔子が示した姿勢を言っているのであろう。

陳の国を旅行中、食糧が尽きてしまったとき、孔子は、イラだつ弟子の子路から、

「正しい道を生きているはずの君子でもこんなに苦しむことがあるのですか」

と言われ、こう答えた。

「君子は固より窮す。小人は窮すれば斯に濫る」

と（『論語』衛霊公篇）。

正しい道は、なかなか人から理解されにくいから、君子は本来的に苦しいものだ。だが、小人のように、苦しくなると、とたんに乱れてしまうようなものではない。

冷静に見ても、苦しいときのほうが気は引きしまるであろうし、楽しく遊んでいるときほど、気はゆるみやすいものだろうが、心がけとして、どんな場合にも、気をゆるめないことが肝要だと言っているのである。

後半も同様に、普通は権力者が相手となると怖がって縮こまる。

縮こまるだけですめばよいが、ついお世辞をたてまつったりしてしまう。

しかし、お世辞をたてまつり、愛想笑いなどをしてみせたら、それでは、媚びへつらう人間と区別がつかなくなってしまうであろう。

むしろ、きちんとした、物怖じしない態度で接するべきであろう。そうあってこそ、立派な教養人である。

後半の重点は、今の部分にある。そのあとに続く、一人ぼっちの子どもや身寄りのない年寄りを気の毒に思い、手をさしのべることは、君子（社会の上に立って人々を引っぱる立場の人）に絶対不可欠の姿勢であろうことは、言うまでもないことだ。

第五章

日々の過ごしかたで
あなたの「世界」が変わる！

78 リーダーはおおらかであれ

▼君子は、何事にも巧(たく)みな、練達(れんたつ)な人であるより、素朴でどこか鈍い感じ(朴魯(ぼくろ))であるほうがいい。細かい所まで神経がゆきとどいているより、おおまかで、でも人を惹きつけるような情熱家(疎狂(そきょう))であるほうがいい。

ある仕事について何年かたつうちに、要領を覚えてきて、能率良く仕事をできるようになってくる。ムダもなくなり、効率が良くなる。

でも、その一方で、要領を覚えることで余裕が生まれ、ゆるみや怠惰におちいるきらいがないでもない。

しかし、ゆるみや怠惰なら、自分で気づき、あるいは誰かから指摘を受けて自分を戒め、本来の自分を取りもどすことも可能だ。

実はここで菜根譚が警告しているのは、練達の域に達すると、裏にも表にも通じ、まだ十分に慣れていない人に意地悪く接することが可能であるという点なのである。

意地悪く接するならまだしも、カラクリ仕掛けで人を陥れたり、苦しめたりできてしまうようになることこそ、大問題であろう。

この一節の前の部分で、菜根譚は「機械」という言葉を用いている。この「機械」こそ、カラクリ仕掛け、罠（わな）ということである。

君子とは、立派な人で、人々の上に立つ人のことである。何も知らない、あるいはよくわかっていない人をあやつるようではいけない。

そんなことをするくらいなら、素朴で魯（ろ）（鈍いこと）であるべきだと言う。

そして、こまごまとした所まで神経がゆきとどくのはいいが、そうなると、細かい、わずかなキズさえ見のがさずに、咎（とが）めたくなる。物事に精通すれば精通するほど、いろいろなことが許せなくなっていく。

「疎狂」の「狂」は、気がヘンになることではなく、グイグイと前進していく情熱のことである。

そんな情熱で人々を引っぱっていくけれども、人々の自主的行動にまかせ、おおらかに構える。人々をいい方向にうながすけれども、決して操縦や運転をするのではないということのようだ。

79 ありきたりの毎日をきちんと生きる

▼普通の家庭の中に、本物の仏性（ぶっしょう）がある。日常生活の中に、本物の道がある。

私たちは、ともすると何か特別な修業をしたり、特別なセミナーに出かけたりして、何事かを発見し、理解し、己（おのれ）を高めた気になる。

もちろん、そういう発見は否定されるものではないが、菜根譚は身近なものを忘れて、遠くのものに手を伸ばすことが進歩であると考えることには、懐疑（かいぎ）的らしい。

私たちは、通常、「家庭」という環境を持っている。しかし、愛し合っていっしょになったはずの夫婦が、なぜかいさかいを起こし、やがて憎み合ったり、別れたりする。

互いのことを気づかい、いたわり合い、協力して人生を歩み出したはずなのに。

でも、憎しみの念がきざしはじめたとしても、病気で高熱を出し、うなっている相手への慈愛の念は、ゼロになってしまっているのだろうか。

相手が裏切ったときは、しかたあるまいが、そうではないのに倦怠し、ぎくしゃくしてきたような場合には、仏心は失われてはいないのではあるまいか。

その意味で、平凡な家庭の中にも、「仏」は住んでいる。

そして、平凡で、ありきたりの生活を営んでいても、悪に手を染めず、まじめに生きているなら、そこには尊い「道」がある。

ただ、あまりにもそれがありふれているために、本物と認識できないだけである。

何か特別なことをすると、

「やったんだ」

と思えるから、安心できる。

大事なのは、そういう「やったんだ」の充実感よりも、さりげなさの中に本物を見いだす心。童話で青い鳥を探し求めたあげくに辿りついたのも、最も身近で基本の場所（家庭）であったのと似ている。

80 自分に誇りがあれば負けない

▼相手が富を振りかざしてきたら、私は真心で対抗する。相手が爵位を振りかざしてきたら、私は正義で対抗する。筋の通った人間は、主君や大臣に丸めこまれたりはしないものだ。

ここには一種の職人気質のようなものが、のぞいている。腕の立つ職人は、納得する仕事でないと、首をたてに振らない。

また、依頼主が自分の腕を正当に評価していなかったりすると、ヘソを曲げる。

そして、心の底から納得がいった場合には、代金以上の仕事をしてみせたりする。

でも、いったん、

「この人は、話にならない」

と思ったが最後、いくら金を積まれても――札ビラで頬をたたくという表現があるが――絶対に引き受けない。

職人は、金ではなく、心意気で仕事をする生き物なのだ。

自分には、積みかさね、つちかった腕がある。それをわかってくれる人がいる。何も好きこのんで不愉快な仕事をしなければならない理由はない。

だいいち、不快な仕事をすると、できあがった物が、いいものにならない。

相手が金で言うことを聞かせようというなら、こちらは仕事への真心で立ち向かう。

相手が社会的地位を振りかざしてきたら、こっちはあくまでも「筋」で対抗しよう。

そういうことをやらせたいなら、ほかを当たってくれ。言いなりにはならないぜ。

それが、職人の心意気であり、プライドである。

――と解説してくると、何だか新しい感じの言葉だが、実は、この一節は、『孟子』に依拠したものである。『孟子』公孫丑（こうそんちゅう）篇・下に、こうある。

「彼、其の富を以てせば、我は吾が仁を以てせん。彼、其の爵を以てせば、我は吾が義を以てせん。我、何ぞ慊せんや（卑屈になる理由はないではないか）」

これはさらに、孟子が曽子（孔子の弟子）の言葉として引いているものである。職人ではなくても職人気質で生きる人は、大昔からいたのである。

81 人それぞれの道がある

▼学問をして自分を高めようとする者なら、ゆるみなく、おそれつつしむ姿勢があるのは当然だが、さらに、さらりと洒落た心の余裕を持っている必要がある。

自分の心を引きしめ、一心に努力することの形容である。が、菜根譚は、その上に、さらに洒落た余裕があるべきだと言う。

普通、学問をする場合、そこに趣味性や遊び心を持ちこむと、

「けしからん。もっとまじめにやれ」

と叱られそうである。

事実、『論語』泰伯篇に見える孔子の言葉に、

「学は及ばざるが如くす。猶お之を失わんことを恐る」

とある。


学問は、まだ追いつかない、まだ手が届かないと思いながらするものだ。それほど懸命に努めているようでありながら、見失ってしまわないだろうかと心配になることがある。

学問の本道とは、こうしたもので、遊びや余裕が入りこむ余地はない——こういう考えかたもある。

でも、そうしたコツコツとした方法では、飛躍に乏しく、応用がきかず、時間切れを迎えてしまうことも多い。

その人の性格や、分野、生きている時代・環境の違いで、「ある到達」に向かう道筋は異なってもいい、というくらいの余裕もほしい。山登りに、いろいろな方向から

の登山口があるようなものだろう。

難易度の高い外科手術で、世間話をしながら手術にあたっている映像が公開され、一度は非難された。

しかし、実のところ、ガチガチに緊張してしまうと、かえって指先が微妙に震えたりするから、軽口をたたけるくらいに余裕があったほうが、成功率は高くなるとのことだった。

余裕や遊びを目的としなければいい、ということも、かなりありそうだ。

82 心から望むものは手に入る

▼幸福は、こちらから求め、迎えに行くものではない。喜びの心を自分の中で養い、自然に幸福が来てくれるようにする以外にない。

仕事柄、古本を探すことが多い。中国古典（いわゆる漢文）関係の本は、戦前にはさかんに出版されていたが、今日、新刊書として出ているものは、種類も数も少ない。たとえそれが明治時代の本であっても、理科系の本とは違い、今でも、かなり役立つ。

もちろん、長い間探しつづけている本がある。そういう本は、稀少本で「ネット古書店」にも、出てくることがない。

今までの経験からすると、不思議な傾向があって、

「あの本はないか、ないか」

と思っているときには出てこないが、ふと無心になって古書店の本棚を見ているときに、発見するのである。

むさぼるように欲し、探し回っても、決して出てこない感じがある。

ある程度、達観して、

「手に入るべきものであれば、手に入るものだ」

と、ゆったり構えておくことにしている。

だから、菜根譚のこの一節を読むと、さらに不思議な感じを受ける。

「ひょっとして、私だけの経験ではなく、けっこう同じような感覚を味わう人がいるのではないか」

と。

この感覚は、そうとう昔にさかのぼれそうだが、前漢時代の劉向の『説苑』説叢篇に見える、

「福は微より生じ、禍いは忽より生ず」

となると、菜根譚よりも、もっとまじめに日常的な努力を要求していて、若干、窮屈

な感じがする。

「幸福がやってくるときは微細なところから始まり、災いは、生活を忽せにしたところから始まる」

これは、「幸福は得がたいが、災いは簡単にやってくる」という戒めであろう。それも真理だろうが、ここは菜根譚に一票を投じたい。

83 贅沢はできなくとも気品はにじみ出る

▼貧しい家であっても、床を清らかに掃き、貧しい女性でも清らかに髪を櫛でとかして整える。外面的には艶やかで美麗でなくても、おのずと風雅の気品がただようものだ。

現在の日本は豊かな国である。戦後の苦難の時代を脱却できていないころに幼少期

を過ごした私などから見ると、まばゆいばかりの豊かさである。

そして、その豊かささえ、少しでもカゲリが生じると、急に不安・不満を感じる性質を持っているらしい。

国文学者小高敏郎(こだかとしろう)氏のエッセイが、古い国文学雑誌に載っているのを読んだことがある。深く考えさせられる内容であった。

戦後、戦地から復員してきたものの、東京は焼け野原。大学の校舎も破壊され、満足な講義など受けられなかった。しかも、衣服もまともなものはなく、ボロボロで垢(あか)じみ、ワイシャツの衿(えり)も真っ黒。

それでも、勉強ができる喜びに満ち満ち、幸せだった。

やがて、日本の経済も立ち直り、しだいに豊かになってくると、急に垢じみたワイシャツを着ていては恥ずかしいという感情が湧きおこった。ツギのあたった衣服で外を歩くのが恥ずかしくなってきた。

——小高氏は明言していないが、衣服はボロボロでも、みんながボロボロだったから平気で勉強に打ちこめる時代と、外見を気にしつつ勉強をしなければならなくなった「豊かな時代」と、心はどちらが豊かで幸せなのだろうか。

気品や風格は、その人自身がかもし出すもの。高価なブランド物を身につけていなくても、さっぱりとしてその人らしい姿には、誰もが好感を持つだろう。

世間でよく言われることだが、一千万円の指輪をしていても、イミテーションに見える人もいれば、スーパーで買ったリングがすばらしく引き立つ人もいる。

贅沢はできなくても、心とともども清らかであろうとする人は、必ず、外ににじみ出る「中身」で評価されるということだろう。

84 誰でも先祖を背負って生きている

▼先祖がのこしてくれた恵みは何であるかと問うてみる。それは、自分自身が受け継いだ資質すべてである。

大学院生時代、近所の人から、

「歩きかた、歩く後ろ姿がおじいさんそっくりだね」

と声をかけられて、驚いたことがある。

自分では全く意識せず、ただ歩いているだけであったし、だいいち祖父と私では身長も体型も全く違っている。

でも、近所の人は、

「誰が見たって、そっくりだと言うよ」

と言う。

その時点より数年前に、祖父は世を去っていたから、急に感慨をもよおしてしまった。

「自分の中に祖父が生きている」

そう思えた。

遺伝子がどうのという理論はさておき、自分の中には、さらに遠い遠い御先祖様まで、みんな少しずつ生きているのかもしれない、と思った。

自分は、そうした線上に位置し、得意なこと、好きなこと、逆に不得意なこと、嫌いなこと、長い時間をかけて受け継いできた点（ポイント）に、今、位置している。

——そう思ったら、突然、身が引きしまるように感じた。自分は一人の人間として、この世に独立し、勝手に生きているつもりでいたけれど、先祖代々の「血」を背負っている。自分を生かすことは、先祖代々を同時に生かすことかもしれない。

だったら、責任を持ってその美点を輝かしてみたい。いや、そうする責任があるのではないだろうか。

だからといって、その日から生活態度がガラリと変わったということはないのだが、ひとつの発見をしたように感じたことは確かである。

「先祖への感謝と責任」と言ってしまえば、たった九文字であるが、菜根譚の言うところは深い。もちろん、自分がうまくいかないのは先祖が悪かったせいだという使いかたは、全く逆方向である。

85 快楽は「腹五分」にとどめる

▼心に快感を与えることは、自分の身を損（そこ）ない、みずからの徳をダメにしてしまう道である。でも五分ぐらいに抑えておけば、あとで悔いるほどではなかろう。

いくら日常の時々刻々が大切だからといって、二十四時間緊張しっぱなしで、一秒のゆるみもなく正確無比に生きることは不可能であろう。

たった一月だけそうすればいいというのなら可能かもしれないが、それを人生八十年、一日も休まず続けられる人はいまい。

睡眠も必要であるし、立ち仕事には休憩が必要。ずっと同じ姿勢でいてエコノミークラス症候群になり、静脈瘤（じょうみゃくりゅう）が……ということは、菜根譚の時代には知られていないけれども、デスクワークの人が、伸びをしたりするのは、必要なことである。知り合いのデザイナーは肩凝りがひどく、カチカチで鉄板を入れたようになっている。人間センザンコウのようなものか。

ほぐすのも大変で、行きつけのマッサージ師は指を痛めたと聞く。

もちろん、自分を正しく保ち、それを日々続けてゆくことは大切であるが、絶対に一瞬のゆるみもあってはならない、とまで頑なではないところが、菜根譚が人々に親しまれる理由であろう。

読み下し文の「快心の事」とは、美味なものを食べたり、美酒をあおり、友人と語り、歌い、などなどすべてを含む。

あるいはさらに、勝利の美酒に酔うような場合も含むであろう。

それらに酔いしれてしまうのは、油断を誘い慢心を招き、

「もう少しなら楽しんでもいいだろう」

と、怠惰が大きな口をあけて待っている。

それでは、まずい。自分を保つには、せいぜい「腹八分」ならぬ「腹五分」にとどめておくがいい。——これが菜根譚の言い分である。

なるほど、そうだろう。我にかえれる余地を残して、快感を味わうべきだ。

ただ、どの程度なら「五分」か、今は何分(なんぶ)なのかの見きわめは、むずかしそうだ。

86 目的を果たすまで自分を見失わない

▼物事をただ信じてしまって、悪者にあざむかれてはいけない。自分ならできると奮(ふる)いたちすぎて、勢いだけにあやつられてしまってはいけない。

ある目標を設定し、それに向かって進むタイプの人、あるいはそういう種類の学問や仕事がある。

そのさなかは、どこか夢中になっているところがあって、いやその「夢中になっている」感じが、充実感に思えて、気分を良くし、

「これでいいんだ。自分は……」
と、まだおとずれてはいない完成後を夢想し、うれしくなる。

恋は盲目と言うが、そういう状態のときも、充実感や気負いにあやつられ、周囲が目に入らなくなっていることがある。

菜根譚が、この一節の後半で警告しているのは、こういう状態のことである。

「できる」
と思った瞬間に、完成したあとに来る実績・評価・自分への自信を、ついつい先取りして喜んでしまうのだ。

それが本当にこのあとに来ればいいが、まずいことに、この「先取り」自体、自分に都合の良い「勝手読み」であることが往々にしてある。

洋画家の小松崎邦雄（こまつざきくにお）氏が、
「芸術系の大学に合格しただけで、自分が画家として成立したように思ってしまう人は多いですよ」
と語られたことを思い出す。

日々の錬磨のみが自分を支え、自分を画家にしていくのに。

たしかに、勢いは必要である。貴重なエネルギーの燃焼であるから。でも、勢いだけで、あるいは情熱だけで、すべてが解決するわけではない。自分がその勢いを使いこなせればいいのだが、自分が勢いに使われては本末転倒である。

「酒は飲んでも呑まれるな」

にも似ているか。

前半は、解説不要だろう。

87
大きな仕事には試練がつきものだ

▼人生には、思わぬ方向からの邪魔が入ったり、物事が裏目に出たり、予想もしない困窮（こんきゅう）が襲（おそ）ってくることがある。でもそれは豪傑（ごうけつ）を鍛（きた）えあげるためのフイゴの熱のようなものである。

自分は正しいことをしているはずなのに、まともに努力をしているはずなのに、なぜか非難されたり、横槍が入ったりする。

不愉快である一方、あまりにそういうことが続くと、自信が揺らぐことがある。

「自分のほうが、間違っているのだろうか。いや、そんなはずはないと思うが……」

そういうときには、菜根譚のこの一節を思い出すといいかもしれない。

大きな仕事が、何の障害もなく、ひとつの混乱もなく完成することは、むしろ稀である。

必ず途中で誰かが何かを言う。しかし、完成してから、見るがいい。そういう人は、「お前ならやると思っていたよ」

などと、ケロリとして言うものである。はじめから理解者・支援者であったかのような顔で。

気にすることはない。仕事が完成すれば、苦しかった時期も、いい思い出になる。それよりも、妙に影響を受けて仕事が停滞したりしたら、損なだけだ。

実は、菜根譚のこの一節は、『孟子』に言うところと共通している。『孟子』告子篇・下に、こうある。

――古の聖王の舜は田野の出身、殷の時代の賢者傅説は一介の労働者、斉の桓公を支えた管仲は、もと獄官にすぎなかった。

「……故に、天の将に大任を是の人に降さんとするや、必ず先ず其の心志を苦しめ、其の筋骨を労せしめ、其の体膚を餓えしめ、其の身を空乏にし、行なうこと、其の為さんとする所に払乱せしむ。心を動かし、性を忍ばせ、其の能わざる所を曽（増）益せしむる所以なり」

と。

天はわざと試練を与え、成しとげようとすることをかき乱し、その人物の心＋肉体を痛めつけるものだ。それを突破して、大きな仕事を成しとげようとする者に祝福を与えるために。

88「結果オーライ」に満足しない

▼功績(こうせき)と過失(かしつ)は、わずかでも混同してはならない。混同してしまうと、人間は怠惰(たいだ)でデタラメな心を持ってしまう。

「功績」は善行、「過失」は悪行と考えてもよい。

最近は古書市場であまり見かけなくなったが、石版刷り(せきばんずり)の『功過格(こうかかく)』なる冊子が発行されていた。

昔の中国での話である。『功過格』とは、「功と過によるその人の格づけ」というような意味である。だいたい一年分の日誌のかたちになっていて、一日ごとに「功」の欄と「過」の欄がある。

そして、毎日、その一日を振りかえり、

「今日は、親に孝行した」

ということなら、「功」のほうに書きつけ、

「今日は、嘘をついてしまった」

であれば、「過」のほうに書きつける。

これを毎日書きつけ、一年分をトータルする。その結果、「功」のほうが多ければ多いほど、よろしい人生であったというわけである。

ただし、同じ嘘をつくにしても、友人についた場合より、親についた場合のほうが、ポイントが大きい。つまり、マイナスが大きい計算になる。

残念ながら、『功過格』の実物をコレクションして研究したりしていないので、ポイント制が全国共通のものであったかどうかまでは知らないが、とにかく、そのようなものが印刷され、売られ、人々の道徳観念を支える一面があったことは事実である。

さて、菜根譚はどの程度まで『功過格』を意識していただろうか。

ここで問題になっている「功と過の混同」とは、人生において往々にして起こる「結果オーライ」のような場合の判断であろう。

結果オーライだから「功」なのか、それとも過失に違いないから「過」なのか。そ

の判定はむずかしいだろう。
でも、少なくとも、混同するまいと意識し、心がけながら、ゆるまず生きてゆくことは、ムダではないであろう。

89 理性にとらわれない

▼欲望をほしいままにする病気は治すことができるが、理屈をほしいままにする病気は治しにくい。

普通は理性が感情を抑える役割だから、ここでも欲望を理性が落ちつかせ、コントロールすることで、一件落着となりそうだが、菜根譚は、さらに一歩進んだ認識を示している。

読み下し文にある「執理(しゅうり)」の「執」は「執着」の「執」。何かひとつの見解や理論を楯として、自分を押し通そうとする行為を、問題視するのである。

――そう言うと、何かひとつの政治的イデオロギーか何かで、何でもかんでも貫いてしまおうとする人を戒めているように感じられるかもしれないが、これは我々の日常生活の中で、よく起こっていることを取りあげたものである。

たとえば、我々の過ごしてきた人生は、その人にとって「絶対の真実」であると置き換えられやすい。

その人にとっては、「まぎれもない事実」であることは確かだ。ある人は、大学の医学部合格のために、毎日の睡眠時間を三時間にして勉強し、見事に合格したとする。

それは、その人にとって「まぎれもない事実」であっても、「絶対の真実」というわけではない。でも、あたかも「絶対の真実」であるかのように、

「医学部に現役合格したければ、睡眠は一日三時間ぐらいでなければダメだぞ。それ以外はすべて勉強時間にするくらいでないと」

と後輩に語ったりされる。

「自分はこうして成功した」というのは、その「自分」の例であるだけで、すべての他人にもあてはまる公式ではない。

「自分はこんなふうにして失敗してしまった」も同様である。
なまじ理性に基づいているために、理性で言いきかせようがないのである。

90 謙虚な気持ちで「もっと上」を目指す

▼人間を研ぎあげるには、百回鍛えあげた金属を研ぐようにしなければならない。短時間で仕上げてしまっては、素質を十分に深く輝かせないから。

中唐の詩人・白楽天（七七二－八四六）に「百錬鏡」という作品がある（錬は、煉に同じ）。

これによると、百回も鍛錬するこの特別の鏡は、近くに日時計をセットし、五月五日の正午、揚子江（長江）の中央に浮かべた船の上で造られるという。

はなはだ伝説的で、あまり実用的と思えない話であるが、たとえば日本刀も、くりかえし、くりかえし鍛錬して造られる。

そして、鍛えあげた刀身を研ぐ。このとき、うかつに素人が手を出したりしたら、台無しである。ステンレス製の文化包丁を研ぐのとは、次元が違う。

さて、これは人間にも応用できるというのが菜根譚の立場である。

内実を鍛える、これは基本中の基本。何度も、何度も、鍛錬しつづける（このことだけを取りあげれば、一生、鍛錬しつづけるわけでもある）。

そして、やがて「一人前」の人間として世に出てゆく。そのときの仕上げが肝心だと言うのだ。

人間は、ある程度自信がついてくると、すぐに一人前の顔でふるまいたがる。

たしかに、とりあえず自分の周囲を見まわしただけでは、

「自分はイケてる」

と思うこともある。

ここで大事なのは、あせらずに、もうひと押し、ふた押し、ていねいに仕上げよう

とする心である。

この心とはつまり、謙虚な姿勢にほかならない。上には上がいる。いつまでも、もっと上を目指す姿勢である。

これは、自分をより高く売ろうとか、より人気を得たいという心情ではない。天から、あるいは親から授かった資質を、いっそう良いものに発展させようとする、自立的な営みである。

91 悪口と誉め言葉はまず疑え

▼悪い評判を鵜呑みにしてはいけない。怒りまかせの讒言かもしれないから。善い評判を鵜呑みにしてもいけない。悪人がのさばるのを助けてしまうかもしれないから。

誰かの悪口や評判は、生活の中でおのずと聞こえてくるものである。

自分が「いい人材だ」と思っている人物が悪く言われたり、反対に自分が「あいつは悪人だ」と考えている人物を誉められたりした場合には、

「待てよ。そんなことはあるまい」

と思う余地がある。単純にその悪口なり誉め言葉なりを鵜呑みにしてしまうことは少ないだろう。

でも、そこまで自分の評価が定まっていない場合だったら、どうか。自然なかたちで耳に入ってくる評判は、良きにつけ悪しきにつけ、かなりの影響力を持ちそうだ。

さらに、別々の人間の口から、ある人物の悪口がいくつも重複して言われるのを聞いたら、どうか。ある程度、評価が定まっていたとしても、揺さぶりをかけられてしまうのではないだろうか。

こういう問題は、ずいぶん昔から意識されていた。『書経』の太甲篇・下に、こんな言葉がある。

「言の汝の志に逆らう有らば、必ず諸を道に求めよ。言の汝の志に遜う有らば、必ず諸を道に非ざるに求めよ」

――もし、自分の志に逆らう言葉を聞いたときは、そのまま斥けてしまうのではな

く、その言葉のほうが正しい道にかなっているのではないかと、考えてみなければならない。もし、自分の志にぴったりだと思われるような言葉を聞いたときは、そのまままいい気分で受けいれてしまうのではなく、本当は道にはずれたことではないかと考えなおさなければならない。

それが悪口であれ、誉め言葉であれ、その背後にあるものは何であるかの省察なしに、言葉を受けいれては、時としてその「背後にあるもの」に利を与えてしまうかもしれない。

用心しすぎてもいけないだろうが、言葉だけにあやつられるのは、もっといけない。

92 人生が忙しいのではない。自分で忙しくしているのだ

▼歳月（さいげつ）の流れは、本来、長久（ちょうきゅう）なものである。しかし、せわしなく生きている人には、せっぱつまって感じられる。

人生八十年――かなり長い時間であるが、その時間を生きる人は、いろいろな過ごしかたをしている。

何かスケールの大きいことを成しとげようとすると、八十年では足りないであろう。反対に、何もしないでボーッとするだけでも、時は流れてゆく。でも、充実感がともなわないでボーッとするだけの八十年では、退屈であろう。

大学の学部時代に教わった、ある英語の先生は、非常に忙しい人であった。始業に遅れることは少なかったが、英語の教師としての顔、翻訳者としての顔、演劇人とし

ての顔、さらには、神輿のかつぎ手として、全国の祭りに出向く顔……と、さまざまな顔を持っていた。

そして、本人曰く、

「私は五分刻みのスケジュールで生きています」

と。

その顔は、どこか誇らしげで充実感にあふれていた。

私などがマネをしようとしたら、キリキリ舞いしそうなスケジュールだが、その後のその先生のことは知らない。

はたして、そんなスケジュールを生きることを、すべての人が楽しいと思えるだろうか。

菜根譚は、ほかの章でもそうであったように、「余裕」の必要性を説いている。みずから進んで余裕をなくし、自分が設定したスケジュールにしばられて生きてゆくことを、喜ばない立場であろう。

そうやって自分を駆りたて、追いつめ、それを充実と考える。それを否定まではしないだろうが、「かえって窮屈じゃないか？」と疑問を投げかけてくることだろう。

人生が忙しいのではなくて、自分で忙しく演出しているのではないか。ふと立ち止まって考えてみたいことである。

93 時には本来の自分にかえって人生を見つめよう

▼物音のしない静かな夜に、鐘の音を聞いて、夢の中で夢を見ているような自分の心を呼びさます。

君や来し　我や往きけん　思ほえず　夢かうつつか　寝てか覚めてか

――これは『伊勢物語』第六十九段に見える恋の歌。恋に心がボーッとしてしまって、あなたが来てくれたのか、自分が出向いたのかよくわからない。夢だったのか現実だったのか、寝ていた（夢）のか、覚めていた（現実）のか。

恋でなくても、あまりにせわしない現実だと、自分を見失ってしまうのであろう。

何だかよくわからなくなる。

東京在住のある落語家さんが、北海道の登別温泉に日帰りという仕事をした経験を語ってくれた。

朝早く家を出て、飛行機で北海道へ、そして自動車で登別温泉。落語を二席演じて、また飛行機で東京にもどり、その日の午後十一時、自分は自宅で酒を飲みつつ、あらためて、

「今日は一体何だったのか」

と自問したそうだ。

現実の中で夢を見ているような気分だったらしい。

さらに心があわただしくなると、夢の中でまた別の夢を見ているような感覚におちいるのだろう。超売れっ子の歌手やタレントは、そんな気分ではあるまいか。

この一節は、人間にとって、我にかえることの大事さを言っている。そんなふうに、夢の中で夢を見ているような日常（人生）では、自分の人生を生きていることになるのだろうか。

鐘の音でなくても、本来の自分を呼びさましてくれるものは必要だろう。

もっとも、中国の劇場の門の左右にかけられる対聯(ついれん)に、「天地(てんち)は一戯場(いちぎじょう)」「戯中(ぎちゅう)また戯有(ぎあ)り」とある。この世はひとつの大きな劇場で、その大劇場の中の劇場で劇が演じられますという意味。

それはそれで、ひとつのとらえかたであるだろう。

94 そなえあれば、忙しくても心は荒れない

▼忙しいときに、自分の本性(ほんせい)を乱すまいと思うなら、時間に余裕があるときの精神状態を清らかなものにしておく必要がある。

あわただしい日常生活の中で、ついつい心が乱れる。自分はこういうことをする人間なのか、などと好調なときには考えもしない疑問が湧きおこる。どうやら、そういうことを口実に、休みたいと思っているのかもしれない。

体調が良く、気分も良ければ、問題はないのに、ひとたび悪いサイクルに落ちこむと、自分でも手がつけられないほどに心が荒れる。

そう言えば、あわただしい（慌）という字は「小（心）」と「荒」からできている。

そんなときに、菜根譚が示す処方箋は、こういうことだ。

ゆったりした時間があるときに、自分の精神状態を、できるだけ清らかな、濁りのないものにしておくこと。

そうしておけば、バタバタした状態になっても、大丈夫。本来が濁りのないものだから、いかなる環境でも、平静を保てるはずだよ、と。

たしかに、追いまくられている状態のときは、

「さて、心をゆったりと」

などとやっている暇さえない。次から次へ、仕事を片づけていかなくては、終わらない。

自分の心を鍛えたり、リラックスさせたりの修練には、時間の余裕が必要だ。

となると、問題は、「ゆったりした時間の過ごしかた」のほうに移ることになる。

ふっと時間ができたときに、何をするか。どうやって過ごすのか。

日頃からそのことを考えて、計画を立てておくのもいいかもしれないが、なかなか思った通りにいくものでもなさそうだ。

こうなると、話はもっとさかのぼる。金はないけど、時間と体力は余るほどある学生時代に、どういう過ごしかたをするか。

事件や病気が発してからでは、予防薬は間に合わない。「備えあれば」は、もっと長い目で見る必要がありそうだ。

95 自由な心を持つ

▼俗世間からのがれる道は、俗世を生きる世渉りのうちにある。必ずしも、人との交わりを絶ちきって俗世間をのがれる道に限定されるものではない。

私たちの心は、世間のあまりの俗っぽさを嫌う面がある。なかには、どっぷり俗世

に漬かりこんで古漬のように発酵してしまっている人もいるようだが。

さて、

「もっと真心で生きてゆきたい」

「ああいう人間とは、つき合いたくない」

と思ったとして、次にどうする。

いきなり出家遁世して、どこかに行ってしまうか。

菜根譚は、そうじゃない、と言う。そういう行動だけが、俗世間をのがれる手段ではない、と。

俗世間を生きていながら、そこから自由に脱却できるものがある。それは、人間の心だ。

心は、どんな環境にいても、自由でいられる。泥の中から咲く蓮の花のように。

こういう境地は、晋の陶淵明（三六五－四二七）の「飲酒」と題する詩（全二十首のうちの第五首）に、

廬を結んで人境に在り
而も車馬の喧無し

君に問う、何ぞ能く爾ると
心遠く地おのずから偏なればなり
のごとくにある。

人のいる街中に庵をむすび、それでいて車や馬のうるさい音が聞こえない。君に訊きたいのだが（自問自答である）、どうしてそんなことが可能なのか。それは、自分の心が俗世間から遠く離れた位置にあって、だから、この土地が辺鄙な場所にあるのと同じ状態だからである。

この詩と同じように、菜根譚は、自分以外のすべてを「俗なもの」として斥け、拒絶するだけでは解決になっていない。それは「排他」しているだけだから、とする立場である。排他には、意地はあるかもしれないが、調和はない。

俗世を快しとして生きる人はお好きにどうぞ。でも、その代わり僕の心の自由には踏みこまなくてもいいでしょ、ということだ。

96 「早く」できるかではなく、「何が」できるか

▼じっと潜伏している時間が長い者は、いざ飛びたてば、高く飛びあがる。先に開いた花は、それだけ早く散る。

その場で高く飛びあがろうと思ったら、一度膝を曲げて力をため、それから飛びあがる。

『老子』第二十四章に、

「跂つ者は立たず」

と見える。無理やり背のびをするかのように爪先立ちをする者は、不自然なその姿勢を長く続けられない。バレエの鍛錬をした人なら、ある程度は可能かもしれないが、ピンピンに爪先立ったまま膝を屈することもなく高く飛ぶ……ことは不可能であろう。

同じことをやりながら、早く作業を終えてしまう人がいる。同じような課題に取り組みながら、達成の早い人がいる。

これはある程度、しかたのないことであろう。

でも、いつまでも自分ばかりが膝を屈しつづけ、ジャンプする機が来ないような気分におちいるのは、ままあることである。

先に飛びあがった人を横目に見ながら、何となく卑屈な気分になってくる。

しかし、あせりは禁物（きんもつ）である。あせると、爪先立ちで伸びきってしまったような姿になり、爪先立った分は上に手が届きそうな気になってしまう。

それでは、本物じゃない、と菜根譚は言うのである。

あせるな。先に咲いた花は、散るのも早い。

それが自然界というものだ。もし、「先に咲きたい」と言う蕾（つぼみ）があれば、先に咲かせてやればいい。

多少の時間の前後は、問題ではない。問題なのは、自分が人生において、いかに充実し、何をできるかであり、それがいかに自分の真実であるかのほうだ。

成果と称賛をあせりがちな人にとって、とても良い言葉ではなかろうか。

97 先入観を捨てると世界が変わる

▼世間の人は、「我(われ)」という文字を非常に真実なものと考えて、何かと言うとそれに基づ(もと)いて行動する。だから、自分が抱える好き嫌いの分だけ、いろいろな煩悩(ぼんのう)をかかえてしまう。

言葉の上では、簡単に言うことができる。たとえば、

「自分はどういう人間か」

などと。

しかし、冷静に見つめなおしてみると、大変に答えづらい、むずかしい問題であることに気づく。

「自分は、それはイヤだ。そういうものはキライだ」

私たちは簡単に口にするが、それは本当に自分の本質そのものなのか？　自分の真実なのか？

以前、握り寿司のエビがどうしても食べられないという学生に、行きつけの寿司店でエビの握りをふるまったことがある。

「大丈夫だから、食べてごらんよ」

学生は、目をつぶって口にはこび、数回噛んだところで、

「おいしい!!」

と言った。その学生の中で、認識があらたまった瞬間である。

——となると、それまで、「自分はエビの握り寿司が食べられない」という状態だったのは、その学生の「真実」であったのだろうか。

その学生のエビの握り寿司に限らず、私たちは何かのキッカケで「今までとは別の自我」に気づくことがあるのではないだろうか。

人間関係でも、そうだ。今までイヤな奴だと思っていた人物の意外な美点を発見して、認識があらたまることはないか。

いや、むしろ、それでいいのだろう。イヤだと思っていた人物の美点を見いだして

も、それまでの「イヤな奴だ」という認識を変えようとせず、その美点の発揮にも気づかない、あるいはわざと見すごしてしまうより、ずっと良いのではあるまいか。

自我は内向きに見つめるより、外向きに何回でも確認しなおすべきものでありそうだ。

98 いい気になると落とし穴が待っている

▼うれしくて心がはずんでいるときに、いい気になって物事を引き受けてはいけない。酒に酔った勢いで気が大きくなっているとき、ささいなことで怒りを生じてはいけない。

体調がその日によって一定しないのと同様に、仕事にも、乗りのいい日とそうでない日がある。

もう少し長いスパンで見ても、調子のいい時期があり、停滞期がある。特に若いときは、自分の限界もわからずに、やみくもに突っこんでいったりしてしまう傾向がありそうだ。

無理もない。絶好調のときは、何でもできるような気がするから。

難易度の問題も、仕事の量的な問題も、楽にできてしまいそうに思いがちである。

そういう問題のほかに、今、菜根譚が提示しているのは、もう少し何気ない日常の中で起きる問題である。

喜んでいるとき、人は楽観的になり、大胆になる。だから、ついつい簡単に、

「いいよ。いいよ」

と引き受けてしまい、あとで冷静になって「……」という局面を迎えてしまう。

また、酒に酔っているときも同様で、気が大きくなって、ささいなことでケンカを始めてしまったり……。

「いい気になる」ということは、案外、日常の中に数多くひそんでいて、私たちがおちいるのを待ちかまえているようだ。

たとえば、洋服を買いに行ったとき、

「お似合いでございますよ。お嬢様」

「いえ、私は結婚十年です」

「これは失礼いたしました。とてもそうは……」

というやりとりのあと、

「このお洋服には、こちらのアクセサリーがぴったりです」

と勧められるような瞬間。

心は平静さを失った瞬間が、最ももろい。

99 「終わり」まで気をゆるめない

▼気分がいいからと言って、いろいろなことに手を出しすぎてはいけない。うんざりしてきたからと言って、終わりを適当にしてしまってはいけない。

菜根譚が言いたいことは、「物事は終わりが大事だ」ということである。あれこれ気が多く、手だけ出しまくっては、きちんと最後まで仕上げることがむずかしい。物事を完成させることなく、いいかげんなところで、放り出してしまうなら、最初から手など出さないほうがいい。

昔の人も、いろいろと言葉をのこしているが、菜根譚は、『詩経(しきょう)』大雅(たいが)の「蕩(とう)」という作品の、

「初め有らざること靡し
克く終り有ること鮮し」

をふまえているようだ。世の中に「最初」がないことはないが、きちんと「終り」までいくことは稀だ。

何事も中途半端になってしまう人間には耳の痛い話だが、逆に考えると、大昔からそれだけ中途半端になりやすいということでもある。

『書経』の太甲篇には、

「終りを始めに慎む」

という言葉がある。終わりが肝心なのは、よくわかっている。だから、始まりのときに終わりを意識し、心を引きしめて事に当たる。

もちろん、意識の持続が不可欠である。

『春秋左氏伝』襄公二十五年の条には、子産という人の、こんな言葉も載っている。

「日夜これを思い、其の始めを思いて、其の終りを成す」

物事を始めたときの決意や情熱を思いつづけて、完成まで。「初心忘るべからず」「初心にかえる」も、これである。

私たちは、「終わり良ければ、すべて良し」という言葉も持っているが、どうしたら終わりを良くできるのか。反省をうながされているかもしれない。

「菜根譚」読み下し文一覧

1 石火の光中に、長を争い短を競うも、幾何の光陰ぞや。蝸牛の角上に、雌を較べ雄を論ず。許大の世界ぞや。

2 世に処りては、必ずしも功を邀めざれ。過ち無き、便ち是れ功なり。

3 憂勤は是れ美徳なるも、太だ苦しむは、則ち以て性に適い情を怡ばしむる無し。

4 事窮り勢い蹙るの人は、当にその初心を原ぬべし。功成り行ない満つるの士は、その末路を観んことを要す。

5 卑きに居りて、而る後に、高きに登るの危うきを為すを知る。晦きに処りて、而る後に、明るきに向うの太だ露わるるを知る。

6 人情は反復し、世路は崎嶇たり。行きて去き得ざる処は、須く一歩を退くの法を知るべし。行きて去き得る処にも、務めて三分を譲るの功を加えよ。

7 福は事少なきより福なるは莫く、禍は心多きより禍なるは莫し。

8 奢る者は、富めども足りず。何ぞ倹なる者の貧しけれども余り有るに如かんや。

9 苦心の中に常に心を悦ばしむるの趣を得。得意の時に便ち失意の悲しみを生ず。

10 真廉は廉名無し。名を立つるは、正に貪りと為す所以なり。

11 十語に九中るも、未だ必ずしも奇と称せず。一語中らずんば、則ち愆尤駢び集まらん。

12 耳目見聞は外賊為り。情欲意識は内賊為り。

13 徳は才の主にして、才は徳の奴なり。

14 我、貴くして、人、之を奉ずるは、此の峨冠大帯を奉ずるなり。我、賤しくして、人、之を侮るは、此の布衣草履を侮るなり。

15 世に処しては、宜しく俗と同ずべからず。亦、宜しく俗と異なるべからず。

16 功を建て業を立つる者は、多くは虚円の士なり。事を僨り機を失う者は、必ず執拗の人なり。

17 払意を憂うること毋れ。快心を喜ぶこと毋れ。久安を恃むこと毋れ。初難を憚ること毋れ。

18 動を好む者は、雲電風燈なり。寂を嗜む者は死灰槁木なり。

19 道徳に棲守する者は、一時に寂寞たり。権勢に依阿する者は、万古に凄涼たり。

20 智械機巧は、知らざる者を高しと為すも、之を知れども用いざる者を尤も高しと為す。

21 功名富貴の心を放ち得下さば、便ち凡を脱すべし。道徳仁義の心を放ち得下さば、纔に聖に入るべし。

22 魔を降すには、先ず自らの心を降せ。心伏さば、則ち群魔も退き聴く。

23 治世に処りては、宜しく方なるべし。乱世に処りては、宜しく円なるべし。

24 心地乾浄にして、方に書を読み古を学ぶべし。然らずんば、一善行を見ては、竊に以て私を済し、一善言を聞きては、仮りて以て短を覆わん。

25 欹器は満つるを以て覆り、撲満は空しきを以て全し。

26 名根の未だ抜けざる者は、縦い千乗を軽んじて一瓢に甘んずるも、総て塵情に堕つ。

27 人心には一日も喜神無かるべからず。

28 燥性なる者は、火のごとく熾にして、物に遇わば則ち焚く。寡恩なる者は、氷のごとく清けれども、物に逢わば必ず殺す。

29 心体光明ならば、暗室の中に青天有り。念頭暗昧ならば、白日の下に厲鬼を生ず。

30 心は虚にせざるべからず。虚なれば則ち義理来たり居る。心は実にせざるべからず。実ならば則ち物欲入らず。

31 未だ就らざるの功を図るは、已に成れるの業を保つに如かず。既往の失を悔ゆるは、将来の非を防ぐに如かず。

32 此の心、常に円満を看得なば、天下自ら欠陥の世界無からん。

33 小処に滲漏せず、暗中に欺隠せず、末路に怠荒せず。纔に個の真正の英雄なり。

34 徳は量に随いて進み、量は識に由りて長ず。故に其の徳を厚くせんと欲せば、其の量を弘くせざるべからず。其の量を弘くせんと欲せば、其の識を大にせざるべからず。

35 盈満に居る者は、水の将に溢れんとして未だ溢れざるが如し。切に再び一滴を加うるを忌む。

36 事稍払逆せば、便ち我に如かざる人を思え。則ち怨尤自ら消えん。心稍怠荒せば、便ち我より勝る人を思え。則ち精神自ら奮わん。

37 冷より熱を視て、然る後に熱処の奔馳の益無きを知る。冗より間に入りて、然る後に間中の滋味の最も長きを覚ゆ。

38 機の息む時、便ち月到り風来たる有り。必ずしも苦海の人世にあらず。

39 草木の纔に零落するも、便ち萌穎を根底に露わす。

40 高きに登らば、人の心をして曠からしむ。流れに臨まば、人の意をして遠からしむ。

41 径路の窄き処は、一歩を留めて人の行くに与え、滋味の濃やかなる的は、三分を減じて人の嗜むに譲る。此れ是れ世を渉るの一極安楽の法なり。

42 人の過誤は宜しく恕すべきも、己に在りては則ち恕すべからず。己の困辱は当に忍ぶべきも、人に在りては則ち忍ぶべからず。

43 完名美節は、宜しく独り任ずべからず。些かを分ちて人に与えて、以て害を遠ざけ身を全うすべし。

44 人の悪を攻むるに、太だ厳なること毋れ。其の受くるに堪えんことを思うを要す。

45 小人を待するに、厳しきを難しとせざるも、悪まざるを難しとす。

46 恩を施す者は、内に己を見ず、外に人を見ずんば、則ち斗粟も万鍾の恵みに当たるべし。

47 人の際遇は、斉なる有り、斉ならざる有れども、能く己をして独り斉ならしめんや。

48 意を曲げて人をして喜ばしむるは、躬を直くして人をして忌ましむるに若かず。

49 沈々として語らざるの士には、且く心を輸す莫れ。悻々として自ら好しとするの人を見なば、応に須らく口を防ぐべし。

50 人を害するの心は有るべからず。人を防ぐの心は無かるべからず。

51 群疑に因りて独見を阻む毋れ。己の意に任せて人の言を廃する毋れ。

52 人とは患難を共にすべきも、人と安楽を共にすべからず。

53 人を信ずる者は、人未だ必ずしも尽くは誠ならざらんも、己は則ち独り誠なり。

54 恩は宜しく淡き自りして濃くすべし。濃きを先にして淡きを後にせば、人、其の恵みを忘れん。

55 欺詐の人に遇わば、誠心を以て之を感動せしめ、暴戾の人に遇わば、和気を以て之を薫蒸せよ。

56 己の長を以て、人の短を形す毋れ。己の拙に因り、人の能を忌む毋れ。

57 冷眼もて人を観、冷耳もて語を聴き、冷情もて感に当たり、冷心もて理を思え。

58 人を用うるには、宜しく刻なるべからず。刻ならば則ち効を思う者も去らん。

59 君子の心事は、天のごとく青く日のごとく白く、人をして知らざらしむべからず。

60 夜深く人静かなるとき、独坐して心を観ぜよ。始めて、妄窮まりて真の独り露わるるを覚えん。

61 事事、有余不尽の意志を留めなば、便ち造物も我を忌む能わず、鬼神も我を損なう能わず。

62 欲路上の事には、其の便を楽しみて姑くも指を染むるを為す毋れ。一たび指を染めなば、便ち深く万仭に入らん。

63 学ぶ者は、精神を収拾して、一路に併せ帰せんことを要す。

64 人は名位の楽しみ為るを知れども、名無く位無きの楽しみの最も真たるを知らず。

65 気象は高曠なるを要するも、疎狂なるべからず。心思は縝密なるを要するも、瑣屑なるべからず。

66 清なるも能く容るる有り。仁なるも能く断を善くす。明なるも察を傷らず。

67 間中に放過せざれば、忙処に受用有り。

68 吾が身は一小天地なり。喜怒をして愆らず、好悪をして則有らしめば、便ち是れ爕理の功夫なり。

69 巧を拙に蔵め、晦を用て明とし、清を濁に寓し、屈を以て伸と為す。

70 人の詐りを覚るも、言に形わさず。人の侮りを受くるも、色を動かさず。此の中に無窮の意味有り。また無窮の受用有り。

71 人の短処は、曲に弥縫を為さんことを要す。如し暴きて之を揚ぐれば、是れ短を以て短を攻むるなり。

72 事無きの時には、心は昏冥し易し。宜しく寂々として、照らすに惺々を以てすべし。

73 身を持するに、太だしくは皎潔にすべからず。一切の汚辱垢穢をも、茹納し得んことを要す。

74 人と与にするに、太だしくは分明にすべからず。一切の善悪賢愚も包容し得んことを要す。

75 末路晩年に、君子は更に宜しく精神百倍すべし。

76 病に遇いて後に、強の宝たることを思う。乱に処りて後に、平の福たるを知る。蚤知に非ざるなり。

77 君子は患難に処りては憂えざるも、宴遊に当たりては惕慮す。権豪に遇いては懼れざるも、惸独に対しては心を驚かす。

78 君子は、其の練達ならんよりは、朴魯なるに若かず。其の曲謹ならんよりは、疏狂なるに若かず。

79 家庭に個の真仏有り。日用に種の真道有り。

80 彼、富ならば、我は仁。彼、爵ならば、我は義。君子は固より君相に牢籠せられず。

81 学ぶ者は、段の兢業の心思有りて、又段の瀟洒の趣味有るを要す。

82 福は徼うべからず。喜神を養いて、以て福を召くの本と為さんのみ。

83 貧家も浄らかに地を払い、貧女も浄かに頭を梳らば、景色は艶麗ならずと雖も、気度は自ら是れ風雅なり。

84 祖宗の徳沢を問わば、吾が身の享くる所の者、是れなり。

85 快心の事は、悉く敗身喪徳の媒ちなれども、五分ならば便ち悔ゆること無からん。

86 偏信して奸に欺かるること勿れ。自任して気に使わるること毋れ。

87 横逆困窮は、是れ豪傑を煆煉するの一副の鑪錘なり。

88 功と過とは、少しも混ずべからず。混ぜば則ち、人、惰隳の心を懐かん。

89 縦欲の病は医すべきも、執理の病は医し難し。

90 磨礪は、当に百煉の金の如くにすべし。急就するは、邃養に非ず。

91 悪を聞くときは、就ち悪むべからず。讒夫の怒りを洩らすを為すを恐る。善を聞くときは、急に親しむべからず。奸人の身を進むるを引くを恐る。

92 歳月は本より長し。而れども忙しき者は自ら促るとす。

93 静かなる夜に、鐘声を聴きて夢中の夢を喚び醒ます。

94 忙処に性を乱さざらんとせば、須らく閒処の心神をば養い得て清からしむべし。

95 世を出ずるの道は、即ち世を渉るの中に在り。必ずしも人を絶ちて以て世を逃るるにはあらず。

96 伏すること久しき者は、飛ぶこと必ず高く、開くこと先なる者は、謝すること独り早し。

97 世人は只、我の字を太真なりと認め得るに縁る。故に、種々の嗜好、種々の煩悩多し。

98 喜びに乗じて、諾を軽しくすべからず。酔いに因りて嗔りを生ずべからず。

99 快に乗じて、事を多くすべからず。倦に因りて、終りを鮮くすべからず。

※数字は本文中訳文の見出しの数字に対応しています。

本書は、本文庫のために書き下ろされたものです。

渡辺精一（わたなべ・せいいち）
１９５３年、東京神田生まれ。国学院大学大学院修了。中国古典文学者。現在、二松学舎大学講師、朝日カルチャーセンター講師。
三国志演義に登場する有名、無名の約１５００人の生涯、エピソードを正史と演義の相違を交えながら解説した『三國志人物事典』（講談社）は、今でも三国志ファンの間で語り草になっているほどの労作。その記述のわかりやすさ、正確さは類を見ない。
他に『朗読してみたい中国古典の名文』（祥伝社新書）『ビジュアル版 史記物語』（講談社）『もう一度学びたい三国志』（西東社）など多数の著書がある。

知的生きかた文庫

1分間でわかる「菜根譚」

著者　渡辺精一
発行者　押鐘冨士雄
発行所　株式会社三笠書房
郵便番号一〇二-〇〇七二
東京都千代田区飯田橋三-三-一
電話〇三-五二二六-五七三四〈営業部〉
〇三-五二二六-五七三一〈編集部〉
http://www.mikasashobo.co.jp
印刷　誠宏印刷
製本　若林製本工場

ISBN978-4-8379-7740-7 C0130
落丁・乱丁本は当社にてお取替えいたします。
定価・発行日はカバーに表示してあります。